本書の特色と使い方

とてもゆっくりていねいに、段階を追った読解学習ができます。

・一シートの問題量を少なくして、ゆったりとした紙面構成で、読み書きが苦手な子どもでも、ゆっくりていねいに段階を追って学習することができます。

・漢字が苦手な子どもでも学習意欲が減退しないように、問題文の全てをかな文字で記載しています。

児童の個別学習の指導にも最適です。

・文学作品や説明文の読解の個別指導にも最適です。

・読解問題を解くとき、本文を二回読むようにご指導ください。その後、問題文をよく読み、本文から答えを見つけます。

光村図書・東京書籍・教育出版国語教科書などから抜粋した物語・説明文教材、ことば・文法教材の問題などを掲載しています。

・教科書掲載教材を使用して、授業の進度に合わせて予習・復習ができます。

・三社の優れた教科書教材を掲載しています。ぜひご活用ください。

どの子も理解できるよう、長文は短く切って掲載しています。

・長い文章の読解問題の場合は、読みとりやすいように、問題文を二つなどに区切って、問題文と設問に[1]、[2]…と番号をつけ、短い文章から読みとれるよう配慮しました。

・読解のワークシートでは、設問の中で着目すべき言葉に傍線（サイドライン）を引いておきました。

・記述解答が必要な設問については、答えの一部をあらかじめ解答欄に記載しておきました。

学習意欲をはぐくむ工夫をしています。

・できるだけ解答欄を広々と書きやすいよう配慮しています。

・内容を理解するための説明イラストなども多数掲載しています。

・イラストは色塗りなども楽しめます。

※ワークシートの解答例について（お家の方や先生方へ）

本書の解答は、あくまでもひとつの「解答例」です。お子さまに取り組ませる前に、必ず指導される方が問題を解いてください。指導される方の作られた解答をもとに、お子さまの多様な考えに寄り添って〇つけをお願いします。

もっと　ゆっくり　ていねいに学べる

読解ワーク　基礎編

（光村図書・東京書籍・教育出版の教科書教材などより抜粋）

目次　5－①

詩　物語　説明文　古典

詩　かんがえるのって　おもしろい …… 4
物語　なまえつけてよ …… 5
説明文　見立てる …… 12
説明文　言葉の意味が分かること …… 18
古典　竹取物語　――古典の世界（一） …… 23
古典　平家《へいけ》物語　――古典の世界（一） …… 25
古典　徒然草《つれづれぐさ》　――古典の世界（一） …… 27
古典　おくの細道　――古典の世界（一） …… 28
古典　枕草子《まくらのそうし》　――季節の言葉 …… 29
物語　カレーライス …… 35
詩　からたちの花 …… 43
物語　たずねびと …… 44
物語　だいじょうぶ　だいじょうぶ …… 52
詩　紙風船 …… 57
詩　水のこころ …… 58
物語　注文の多い料理店 …… 59
詩　水平線 …… 70
詩　うぐいす …… 71

言葉

漢字の成り立ち …… 72
和語・漢語・外来語 …… 80
同訓異《い》字 …… 88
同音異《い》義語 …… 94
同訓異《い》字・同音異《い》義語 …… 100
文の組み立て …… 104
解答例 …… 108

かんがえるのって　おもしろい

名前

● 次《つぎ》の詩《し》を二回《にかい》読《よ》んで、答《こた》えましょう。

かんがえるのって　おもしろい

谷川《たにかわ》　俊太郎《しゅんたろう》

1

かんがえるのって　おもしろい
どこかとおくへ　いくみたい
しらないけしきが　みえてきて
そらのあおさが　ふかくなる
このおかのうえ　このきょうしつは
みらいにみかって　とんでいる

2

なかよくするって　ふしぎだね
けんかするのも　いいみたい
しらないきもちが　かくれてて
まえよりもっと　すきになる
このおかのうえ　このがっこうは
みんなのちからで　㋐そだってく

(令和二年度版　光村図書　国語　五　銀河　谷川　俊太郎)

(1) 1の「かんがえるのって　おもしろい」について、どのように書《か》いてありますか。□に言葉《ことば》を書《か》きましょう。

どこか□へ　いくみたい
しらない□が　みえてきて
そらの□が　□なる

(2) 2の「けんかするのも　いいみたい」について、どのように書《か》いてありますか。□に言葉《ことば》を書《か》きましょう。

□が　かくれてて
まえよりもっと　□

(3) このがっこうは　何《なに》で　そだってく㋐と書《か》いてありますか。

□□□の□□□

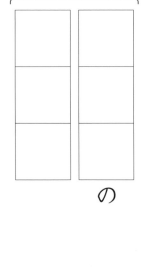

なまえつけてよ (1)

名前

● 次《つぎ》の文章《ぶんしょう》を二回読《にかいよ》んで、答《こた》えましょう。

1

学校《がっこう》からの帰《かえ》り道《みち》のことだ。
牧場《ぼくじょう》のわきを通《とお》りかかったとき、
春花《はるか》は、そこに見《み》なれない
子馬《こうま》がいることに気《き》がついた。

2

つやつやした毛《け》なみの、
茶色《ちゃいろ》の子馬《こうま》だ。
立《た》ち止《ど》まってじっと見《み》ると、
目《め》が合《あ》った。
子馬《こうま》は、ぱちりと
まばたきした。
春花《はるか》は、その美《うつく》しい目《め》に、
㋐すいこまれそうな気《き》がした。

1

(1) いつのことですか。

[　　　]からの[　　　]のことだ。

(2) 春花《はるか》は何《なに》に気《き》がつきましたか。

そこに見《み》なれない[　　　]がいることに気《き》がついた。

2

(1) どんな子馬《こうま》ですか。

[　　　]した毛《け》なみの、[　　　]色《いろ》の子馬《こうま》。

(2) 春花《はるか》は、何《なに》に㋐すいこまれそうな気《き》がしましたか。

その[　　　　]にすいこまれそうな気《き》がした。

（令和二年度版　光村図書　国語　五　銀河　蜂飼《はちかい》　耳《みみ》）

なまえつけてよ (2)

名前

● 次《つぎ》の文章《ぶんしょう》を二回《にかい》読《よ》んで、答《こた》えましょう。

春花《はるか》は牧場《ぼくじょう》に見《み》なれない子馬《こうま》がいることに気《き》がついた

作業《さぎょう》をしていた
牧場《ぼくじょう》のおばさんが、
手《て》を止《と》めて、
春花《はるか》に話《はな》しかけた。
「㋐この子《こ》、
生《う》まれたばかりなの。」
「名前《なまえ》、
なんていうんですか。」
㋑思《おも》わず、春花《はるか》はきいた。
「名前《なまえ》、まだ考《かんが》えてないの。
そうだ、名前《なまえ》、つけてよ。」

(令和二年度版　光村図書　国語　五　銀河　蜂飼《はちかい》　耳《みみ》)

(1) 作業《さぎょう》をしていたのは、だれですか。

(2) ㋐この子《こ》とは、だれのことですか。あてはまる方《ほう》に○をつけましょう。

(　)子馬《こうま》

(　)転校《てんこう》してきた友達《ともだち》

(3) ㋑思《おも》わず、春花《はるか》は、何《なん》とききましたか。

□、なんていうんですか。

(4) 牧場《ぼくじょう》のおばさんは、春花《はるか》に何《なん》とたのみましたか。文中《ぶんちゅう》の言葉《ことば》で答《こた》えましょう。

そうだ、□□、□□□□。

なまえつけてよ ⑶

名前

● 次《つぎ》の文章《ぶんしょう》を二回《にかい》読《よ》んで、答《こた》えましょう。

春花《はるか》はひと月前《つきまえ》に引《ひ》っこしてきた勇太《ゆうた》と同《おな》じクラスになった。子馬《こうま》に名前《なまえ》をつけるために春花《はるか》は放課後《ほうかご》、勇太《ゆうた》とその弟《おとうと》の陸《りく》と牧場《ぼくじょう》のところで待《ま》ち合《あ》わせた。

1

次《つぎ》の日《ひ》の放課後《ほうかご》、牧場《ぼくじょう》のさくのそばへ行《い》くと、前《まえ》の日《ひ》と同《おな》じところに子馬《こうま》がいた。
春花《はるか》は、子馬《こうま》をながめながら㋐待《ま》った。もしかして、勇太《ゆうた》は来《こ》ないかもしれないな。
㋑なめらかなたてがみ。真《ま》っ黒《くろ》な目《め》。時間《じかん》がいつもよりゆっくりと流《なが》れていく。

2

㋐「おうい、来《き》たよ。」
陸《りく》の声《こえ》がした。急《いそ》ぐ陸《りく》の後《うし》ろから来《く》るのは、勇太《ゆうた》だ。
風《かぜ》がさあっとふきぬけた。
子馬《こうま》はぴくぴくと耳《みみ》を動《うご》かした。
勇太《ゆうた》はきいた。
「名前《なまえ》、なんてつけるんだ。」

（令和二年度版　光村図書　国語　五　銀河　蜂飼《はちかい》　耳《みみ》）

1

(1) 春花《はるか》は、だれを㋐待《ま》ったのですか。あてはまる方《ほう》に○をつけましょう。

（　）勇太《ゆうた》
（　）子馬《こうま》

(2) ㋑なめらかなたてがみ。真《ま》っ黒《くろ》な目《め》。は、何《なん》の様子《ようす》を表《あらわ》していますか。

［　　］

2

(1) ㋐の言葉《ことば》を言《い》ったのは、だれですか。○をつけましょう。

（　）陸《りく》
（　）勇太《ゆうた》

(2) 勇太《ゆうた》は、何《なん》とききましたか。

［　　］、なんてつけるんだ。

なまえつけてよ (4)

名前

● 次《つぎ》の文章《ぶんしょう》を二回《にかい》読《よ》んで、答《こた》えましょう。

1

ちょうどそのとき、牧場《ぼくじょう》のおばさんが建物《たてもの》から出《で》てきた。

あ「あらあら、みんな、来《き》てたのね。」

い「子馬《こうま》の名前《なまえ》――。」

春花《はるか》がア言《い》いかけると、おばさんはあわてた。

2

「ごめんね、イそのことなんだけど。あのね、その子馬《こうま》、よそにもらわれることになったの。急《きゅう》に決《き》まったのよ。だから、名前《なまえ》も、行《い》った先《さき》でつけられることになったの。たのんだのに、ごめんなさいね。」

（令和二年度版　光村図書　国語　五　銀河　蜂飼《はちかい》耳《みみ》）

1

(1) あといの言葉《ことば》は、だれが言《い》った言葉《ことば》ですか。

あ［　　　　］

い［　　　　］

(2) 春花《はるか》がア言《い》いかけた言葉《ことば》を書《か》きましょう。

［□□の□□――。］

2

(1) イそのこととは、どんなことですか。あてはまる方《ほう》に○をつけましょう。

（　）子馬《こうま》をもらうこと。

（　）子馬《こうま》に名前《なまえ》をつけること。

(2) 子馬《こうま》の名前《なまえ》は、どこでつけられることになりましたか。

［□□□□でつけられることになった。］

なまえつけてよ (5)

名前

● 次《つぎ》の文章《ぶんしょう》を二回《にかい》読《よ》んで、答《こた》えましょう。

牧場《ぼくじょう》のおばさんは、子馬《こうま》がよそにもらわれることになり、名前《なまえ》は行《い》った先《さき》でつけられることになったと、春花《はるか》たちに説明《せつめい》した。

春花《はるか》は、㋐だまったまま、さくからつき出《で》た子馬《こうま》の鼻《はな》にさわってみた。

子馬《こうま》の鼻《はな》は、ほんのりと温《あたた》かく、しめっている。

「がっかりさせちゃったね。せっかく考《かんが》えてくれた名前《なまえ》、教《おし》えてくれる。」

(あ)「いいんです——。それなら、しかたないですね。」

春花《はるか》は、子馬《こうま》の鼻《はな》にふれたまま、明《あか》るい声《こえ》でそう答《こた》えた。

勇太《ゆうた》と陸《りく》は、何《なに》も言《い》わない。二人《ふたり》とも、㋑こまったような顔《かお》をして、春花《はるか》の方《ほう》をじっと見《み》ていた。

（令和二年度版　光村図書　国語　五　銀河　蜂飼《はちかい》　耳《みみ》）

(1) 春花《はるか》は、㋐だまったまま、何《なに》をしましたか。文中《ぶんちゅう》の言葉《ことば》で書《か》きましょう。

さくからつき出《で》た□□の□にさわってみた。

(2) (あ)の言葉《ことば》は、だれが言《い》った言葉《ことば》ですか。

(3) 勇太《ゆうた》と陸《りく》は、なぜ㋑こまったような顔《かお》をしたのですか。あてはまる方《ほう》に○をつけましょう。

（　）子馬《こうま》の鼻《はな》にふれられる春花《はるか》がうらやましかったから。

（　）せっかく考《かんが》えた子馬《こうま》の名前《なまえ》が付《つ》けられなくてがっかりしているのに、明《あか》るい声《こえ》で「いいんです——。」と答《こた》えた春花《はるか》に、何《なん》と言《い》えばいいかわからなかったから。

なまえつけてよ　(6)

名前

● 次《つぎ》の文章《ぶんしょう》を二回《にかい》読《よ》んで、答《こた》えましょう。

次《つぎ》の日《ひ》。昼休《ひるやす》みに、春花《はるか》はろう下《か》で勇太《ゆうた》とすれちがった。そのときだった。春花《はるか》はそっと何《なに》かをわたされた。わたすと、勇太《ゆうた》は急《いそ》いで行《い》ってしまった。

㋐受《う》け取《と》ったものを見《み》て、春花《はるか》は、はっとした。

紙《かみ》で折《お》った小《ちい》さな馬《うま》。不格好《ぶかっこう》だけれど、たしかに馬《うま》だ。

ひっくり返《かえ》してみると、㋑ペンで何《なに》か書《か》いてある。

㋒なまえつけてよ。

らんぼうなぐらいに元気《げんき》のいい字《じ》が、おどっている。

勇太《ゆうた》って、㋓こんなところがあるんだ。

(令和二年度版　光村図書　国語　五　銀河　蜂飼《はちかい》　耳《みみ》)

(1) 春花《はるか》が勇太《ゆうた》から㋐受《う》け取《と》ったものは、何《なに》でしたか。

［　］で折《お》った［　　　　］。

(2) 受《う》け取《と》ったものには、㋑ペンで、何《なん》と書《か》いてありましたか。

［　　　　］［　　　　］。

(3) ㋒なまえつけてよ。と書《か》いたのはだれですか。

［　　］

(4) 勇太《ゆうた》の、㋓こんなところとは、どんなところですか。あてはまる方《ほう》に○をつけましょう。

（　）子馬《こうま》に名前《なまえ》が付《つ》けられなかった春花《はるか》に、紙《かみ》で折《お》った馬《うま》の名前《なまえ》を付《つ》けさせようとするやさしいところ。

（　）らんぼうなぐらいに元気《げんき》のいいところ。

なまえつけてよ (7)

名前

● 次《つぎ》の文章《ぶんしょう》を二回《にかい》読《よ》んで、答《こた》えましょう。

まどからは、
昼休《ひるやす》みの校庭《こうてい》が見《み》える。
明《あか》るい校庭《こうてい》には、
サッカーをしている子《こ》たちが
いる。その中《なか》に、春花《はるか》は、
ボールを追《お》いかけている
勇太《ゆうた》のすがたを見《み》つけた。
㋐ありがとう。
春花《はるか》は、心《こころ》の中《なか》でつぶやいた。

（令和二年度版　光村図書　国語　五　銀河　蜂飼《はちかい》　耳《みみ》）

(1) 春花《はるか》は、何《なに》をしている勇太《ゆうた》のすがたを見《み》つけましたか。

ボールを ＿＿＿＿ いる
勇太《ゆうた》のすがたを見《み》つけた。

(2) ①だれが、②だれにむけて、㋐ありがとう。とつぶやいたのですか。

① だれが

＿＿＿＿ が

② だれにむけて

＿＿＿＿ にむけて
ありがとう。と
心《こころ》の中《なか》でつぶやいた。

見《み》立《た》てる　(1)

名前

● 次《つぎ》の文章《ぶんしょう》を二回《にかい》読《よ》んで、答《こた》えましょう。

① わたしたちは、知《し》らず知《し》らずのうちに、「見《み》立《た》てる」という行為《こうい》をしている。

ここでいう「㋐見《み》立《た》てる」とは、あるものを別《べつ》のものとして見《み》るということである。

㋑たがいに関係《かんけい》のない二《ふた》つを結《むす》び付《つ》けるとき、そこには想像力《そうぞうりょく》が働《はたら》いている。

（令和二年度版　光村図書　国語　五　銀河　野口《のぐち》　廣《ひろし》）

(1) わたしたちが、知《し》らず知《し》らずのうちにしている行為《こうい》は、何《なん》ですか。

「　　　　」という行為《こうい》。

(2) ここでいう「㋐見《み》立《た》てる」とは、どうすることですか。

□□□□を□□□□として見《み》るということ。

(3) ㋑たがいに関係《かんけい》のない二《ふた》つを結《むす》び付《つ》けるとき、そこには、どんな力《ちから》が働《はたら》いていますか。

□□□

見《み》立《た》てる　(2)

名前

● 次《つぎ》の文章《ぶんしょう》を二回《にかい》読《よ》んで、答《こた》えましょう。

②　あや取《と》りを例《れい》に考《かんが》えてみよう。あや取《と》りでは、一本《いっぽん》のひもを輪《わ》にして結《むす》び、手《て》や指《ゆび》にかける。それを、一人《ひとり》で、ときには二《に》、三人《さんにん》で、取《と》ったりからめたりして形《かたち》を作《つく》る。そして、ひもが作《つく》り出《だ》した形《かたち》に㋐名前《なまえ》がつけられる。これが、見《み》立《た》てるということだ。あや取《と》りで作《つく》った形《かたち》と、その名前《なまえ》でよばれている実在《じつざい》するものとが㋑結《むす》び付《つ》けられたのである。

※実在《じつざい》…実際《じっさい》にあったり、いたりすること。

（令和二年度版　光村図書　国語　五　銀河　野口《のぐち》　廣《ひろし》）

(1)　②の段落《だんらく》では、何《なに》を例《れい》に考《かんが》えていますか。

□□□□

(2)　何《なに》に、㋐名前《なまえ》がつけられますか。

□□が作《つく》り出《だ》した□。

(3)　①何《なに》と、②何《なに》が、㋑結《むす》び付《つ》けられたのですか。

①　何《なに》と

□□□□で作《つく》った□。

②　何《なに》が

その名前《なまえ》でよばれている□□□□□□。

見《み》立《た》てる (3)

名前

● 次《つぎ》の文章《ぶんしょう》を二回《にかい》読《よ》んで、答《こた》えましょう。

③ この場合《ばあい》、同《おな》じ形《かたち》に対《たい》してつけられる名前《なまえ》が、ちいきによってちがうことがある。その土地《とち》の自然《しぜん》や人々《ひとびと》の生活《せいかつ》のしかたなどによって、結《むす》び付《つ》けられるものがことなるからだ。

(令和二年度版　光村図書　国語　五　銀河　野口《のぐち》　廣《ひろし》)

(1) あや取《と》りで作《つく》った同《おな》じ形《かたち》に対《たい》してつけられる名前《なまえ》は、何《なに》によってちがうことがありますか。

［　　　　］によって
ちがうことがある。

(2) あや取《と》りで作《つく》った同《おな》じ形《かたち》に対《たい》してつけられる名前《なまえ》は、なぜちいきによってちがうことがあるのですか。

その土地《とち》の［　　］や
人々《ひとびと》の［　　］の［　　　］などによって、
結《むす》び付《つ》けられるものが［　　　　］から。

見《み》立《た》てる (4)

名前

● 次《つぎ》の文章《ぶんしょう》を二回読《にかいよ》んで、答《こた》えましょう。

④ 日本《にほん》でよく知《し》られている
写真《しゃしん》Aの形《かたち》は、ちいきごとに
ちがう名前《なまえ》をもっている。
「あみ」「田《た》んぼ」「ざる」
「たたみ」「かきね」
「しょうじ」「油《あぶら》あげ」など、
日本各地《にほんかくち》で名前《なまえ》を集《あつ》めると、
約三十種類《やくさんじゅっしゅるい》にもなる。
それぞれの土地《とち》の生活《せいかつ》と、
より関《かか》わりの深《ふか》いものに
見立《みた》てられた結果《けっか》といえる。

A

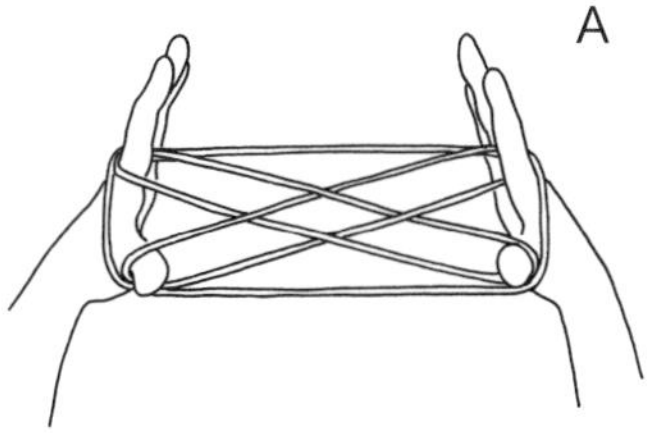

（令和二年度版　光村図書　国語　五　銀河　野口《のぐち》　廣《ひろし》）

(1) Aの形《かたち》は、ちいきごとにちがう名前《なまえ》をもっています。文中《ぶんちゅう》からさがして、名前《なまえ》を七《なな》つ書《か》きましょう。

(2) Aがちいきごとにちがう名前《なまえ》をもっているのは、なぜですか。

それぞれの□□の□□と、より関《かか》わりの深《ふか》いものに□□□られた結果《けっか》。

見《み》立《た》てる (5)

● 次《つぎ》の文章《ぶんしょう》を二回《にかい》読《よ》んで、答《こた》えましょう。

⑤ あや取《と》りは、世界各地《せかいかくち》で行《おこな》われている。写真《しゃしん》Bは、アラスカの西部《せいぶ》で「かもめ」とよばれている形《かたち》である。しかし、カナダでは、同《おな》じ形《かたち》に対《たい》し、真《ま》ん中《なか》にあるトンネルのような部分《ぶぶん》が家《いえ》の出入《でい》り口《ぐち》に見立《みた》てられ、「ログハウス」(丸太《まるた》を組《く》んでつくった家《いえ》)などという名前《なまえ》がつけられている。

B

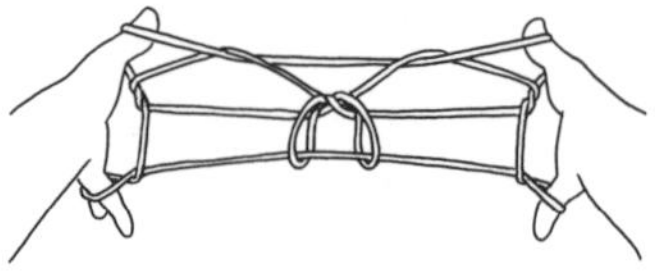

(令和二年度版　光村図書　国語　五　銀河　野口《のぐち》　廣《ひろし》)

名前

(1) あやとりは、どこで行《おこな》われていますか。あてはまる方《ほう》に○をつけましょう。

(　)日本《にほん》とカナダ

(　)世界各地《せかいかくち》

(2) 写真《しゃしん》Bの形《かたち》について答《こた》えましょう。

① アラスカの西部《せいぶ》では、何《なん》とよばれていますか。

② カナダでは、何《なん》とよばれていますか。

見《み》立《た》てる　(6)

名前

次《つぎ》の文章《ぶんしょう》を二回《にかい》読《よ》んで、答《こた》えましょう。

⑥　見《み》立《た》てるという行為《こうい》は、想像力《そうぞうりょく》に支《ささ》えられている。そして、想像力《そうぞうりょく》は、わたしたちを育《はぐ》んでくれた自然《しぜん》や生活《せいかつ》と深《ふか》く関《かか》わっているのだ。

（令和二年度版　光村図書　国語　五　銀河　野口《のぐち》　廣《ひろし》）

(1) 想像力《そうぞうりょく》の意味《いみ》にあてはまる方《ほう》に○をつけましょう。

（　）見《み》たことのないものを、たぶんこうだろうと、心《こころ》の中《なか》に思《おも》いえがく力《ちから》。

（　）いろいろな物《もの》を、工作《こうさく》して作《つく》る力。

(2) 見《み》立《た》てるという行為《こうい》は、何《なに》に支《ささ》えられていますか。

□□□

(3) 想像力《そうぞうりょく》は、何《なに》と深《ふか》く関《かか》わっていますか。

私《わたし》たちを育《はぐ》んでくれた□□や□□と深《ふか》く関《かか》わっている。

言葉《ことば》の意味《いみ》が分《わ》かること　(1)

名前

● 次《つぎ》の文章《ぶんしょう》を二回《にかい》読《よ》んで、答《こた》えましょう。

1

あなたが、小《ちい》さな子《こ》どもに「コップ」の意味《いみ》を教《おし》えるとしたらどうしますか。言葉《ことば》でくわしく説明《せつめい》しても、子《こ》どもはその説明《せつめい》に出《で》てくる言葉《ことば》を知《し》らないかもしれません。

2

「実物《じつぶつ》を見《み》せればいい。」と思《おも》う人《ひと》もいるでしょう。しかし、コップには、色《いろ》や形《かたち》、大《おお》きさなど、㋐さまざまなものがあります。持《も》ち手《て》の付《つ》いた小《ちい》さい赤《あか》いコップと、持《も》ち手《て》のない大《おお》きなガラスのコップ、どちらをコップとして見《み》せればよいでしょうか。

（令和二年度版　光村図書　国語　五　銀河　今井《いまい》　むつみ）

1

(1) この文章《ぶんしょう》では、どんなことを問《と》いかけていますか。

あなたが、小《ちい》さな［　　　］に「［　　　］」の意味《いみ》を［　　　］としたらどうしますか。

(2) 言葉《ことば》で説明《せつめい》するとき、子《こ》どもは、何《なに》を知《し》らないかもしれませんか。

説明《せつめい》に出《で》てくる［　　］。

2

(1) 実物《じつぶつ》のコップは、どんなことが㋐さまざまですか。三《みっ》つ書《か》きましょう。

①［　］
②［　］
③［　　　］

(2) 持《も》ち手《て》の付《つ》いた小《ちい》さい赤《あか》いコップと、どんなコップをならべて書《か》いてありますか。

持《も》ち手《て》のない［　　］な［　　　］のコップ。

言葉《ことば》の意味《いみ》が分《わ》かること　(2)

名前

● 次《つぎ》の文章《ぶんしょう》を二回《にかい》読《よ》んで、答《こた》えましょう。

また、コップのような
形《かたち》をしていても、
花《か》びんとして作《つく》られたものが
あるかもしれません。
スープを入《い》れる皿《さら》にも、
コップに似《に》たものが
ありそうです。
㋐そう考《かんが》えると、
使《つか》い方《かた》も㋑理解《りかい》して
もらわなければなりません。

(令和二年度版　光村図書　国語　五　銀河　今井《いまい》　むつみ)

(1) ㋐そう考《かんが》えるとを説明《せつめい》した文です。□にあてはまる言葉《ことば》を書《か》きましょう。

コップのような［　］を
していても［　　　］
として作《つく》られたものがある
かもしれません。
スープを入《い》れる［　］にも
コップに［　　　　］
がありそうです。

(2) そう考《かんが》えると、何《なに》も㋑理解《りかい》してもらわなければなりませんか。

［　　　］

言葉《ことば》の意味《いみ》が分《わ》かること (3)

名前

● 次《つぎ》の文章《ぶんしょう》を二回《にかい》読《よ》んで、答《こた》えましょう。

1

　ここから分《わ》かるように、「コップ」という一《ひと》つの言葉《ことば》が指《さ》すものの中《なか》にも、色《いろ》や形《かたち》、大《おお》きさ、使《つか》い方《かた》など、㋐さまざまな特徴《とくちょう》をもったものがふくまれます。つまり「コップ」の意味《いみ》には広《ひろ》がりがあるのです。

2

　また、その広《ひろ》がりは、「皿《さら》」「わん」「湯《ゆ》のみ」「グラス」「カップ」といった他《ほか》の食器《しょっき》や、「花《か》びん」のような他《ほか》の似《に》たものを指《さ》す言葉《ことば》との関係《かんけい》で㋑決《き》まってくるのです。

1 「コップ」という一《ひと》つの言葉《ことば》が指《さ》すものの㋐さまざまな特徴《とくちょう》の例《れい》を、文中《ぶんちゅう》からさがして四《よっ》つ書《か》きましょう。

① 色
②
③
④

2 「コップ」の意味《いみ》の広《ひろ》がりは、何《なに》で㋑決《き》まってきますか。

「皿《さら》」「わん」などの［　　　　］や、「花《か》びん」のような［　　　　　　］を指《さ》す言葉《ことば》との［　　］で決《き》まってくる。

（令和二年度版　光村図書　国語　五　銀河　今井《いまい》　むつみ）

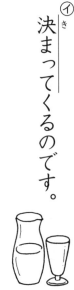

言葉《ことば》の意味《いみ》が分《わ》かること (4)

名前

● 次《つぎ》の文章《ぶんしょう》を二回《にかい》読《よ》んで、答《こた》えましょう。

1

一《ひと》つの言葉《ことば》がどこまで使《つか》えるのか、全《すべ》ての事物《じぶつ》を見《み》て、確《たし》かめることはできません。

だから、小《ちい》さな子《こ》どもは、㋐かぎられた例《れい》をもとに言葉《ことば》の意味《いみ》のはんいを自分《じぶん》で考《かんが》え、使《つか》っていきます。これは、簡単《かんたん》なことではありません。

そのため、うまくいかなくて、よくおもしろい㋑まちがいをします。

2

あるとき、㋒こんな言《い》いまちがいに出会《であ》いました。

「歯《は》でくちびるをふんじゃった。」

この子《こ》は、

「歯《は》でくちびるをかんじゃった。」

と言《い》いたかったのです。

それなのに、どうしてこんな言《い》いまちがいをしたのでしょうか。

（令和二年度版　光村図書　国語　五　銀河　今井《いまい》　むつみ）

1

(1) ㋐かぎられた例《れい》をもとに言葉《ことば》の意味《いみ》のはんいを自分《じぶん》で考《かんが》え、使《つか》っていきますと同《おな》じ意味《いみ》を表《あらわ》す文《ぶん》に○をつけましょう。

（　）小《ちい》さな子《こ》どもが体験《たいけん》したことをもとに言葉《ことば》の意味《いみ》を考《かんが》え、言葉《ことば》を使《つか》う。

（　）おとながしめした例《れい》をもとに言葉《ことば》の意味《いみ》を考《かんが》え、言葉《ことば》を使《つか》う。

(2) よくおもしろい㋑まちがいをするのは、だれですか。○をつけましょう。

（　）大《おお》きなおとな

（　）小《ちい》さな子《こ》ども

2

(1) ㋒こんな言《い》いまちがいとは、どんな言《い》いまちがいですか。次《つぎ》の文《ぶん》の──線《せん》を引《ひ》いた言葉《ことば》を、正《ただ》しい言葉《ことば》で書《か》きましょう。

・「歯《は》でくちびるをふんじゃった。」

言葉《ことば》の意味《いみ》が分《わ》かること (5)

名前

● 次《つぎ》の文章《ぶんしょう》を二回《にかい》読《よ》んで、答《こた》えましょう。

1

よく考《かんが》えてみると、「ふむ」も「かむ」も、「あるものを上《うえ》からおしつける動作《どうさ》」なので、似《に》た意味《いみ》の言葉《ことば》であるといえます。おそらく、この子《こ》は、「かむ」という言葉《ことば》を知《し》らず、その代《か》わりに、似《に》た場面《ばめん》で覚《おぼ》えた「ふむ」を使《つか》ったのでしょう。

2

つまり、この言《い》いまちがいの原因《げんいん》は、自分《じぶん》が覚《おぼ》えた言葉《ことば》を、別《べつ》の場面《ばめん》で使《つか》おうとしてうまくいかなかったことといえます。言葉《ことば》の意味《いみ》のはんいを広《ひろ》げて使《つか》いすぎたのです。

（令和二年度版　光村図書　国語　五　銀河　今井《いまい》　むつみ）

1

(1) 「ふむ」も「かむ」も、どんな動作《どうさ》ですか。

□□□□□を□から□□□□□動作《どうさ》。

(2) この子《こ》は、何《なん》という言葉《ことば》を知《し》らなかったのですか。

□□という言葉《ことば》。

2

(1) 言《い》いまちがいの原因《げんいん》は、どんなことですか。

□□が□□□□□を□の□□で使《つか》おうとしてうまくいかなかったこと。

竹取物語《たけとりものがたり》 (1)

名前

● 「竹取物語《たけとりものがたり》」の〈もとの文《ぶん》〉とその〈現代語訳《げんだいごやく》〉を二回《にかい》読《よ》んで、答《こた》えましょう。

竹取物語《たけとりものがたり》

〈もとの文《ぶん》〉

今《いま》は昔《むかし》、
㋐竹取《たけとり》の翁《おきな》といふ《(う)》ものありけり。
野山《のやま》に①まじりて
竹《たけ》を取《と》りつつ、
②よろづ《(ず)》のことに
③使《つか》ひ《(い)》けり。
名《な》をば、
さぬきのみやつこ
となむ《(ん)》いひ《(い)》ける。

〈現代語訳《げんだいごやく》〉

昔《むかし》、
竹取《たけとり》の翁《おきな》とよばれる人《ひと》がいた。
翁《おきな》は、野山《のやま》に分《わ》け入《い》って
竹《たけ》を取《と》っては、
いろいろな物《もの》を作《つく》るのに
使《つか》っていた。
名前《なまえ》を
「さぬきのみやつこ」
といった。

※翁《おきな》…おじいさん

（令和二年度版　光村図書　国語　五　銀河　「古典の世界（一）」による）

(1) 〈現代語訳《げんだいごやく》〉を読《よ》んで、次《つぎ》の①②③の言葉《ことば》の意味《いみ》を、下《した》から選《えら》んで——線《せん》で結《むす》びましょう。

① まじりて・　　・分《わ》け入《い》って
② よろづ・　　・使《つか》っていた
③ 使《つか》ひけり・　　・いろいろな

(2) ㋐竹取《たけとり》の翁《おきな》の名前《なまえ》を書《か》きましょう。

※「竹取物語」の教材は、令和二年度版　東京書籍　新しい国語　五　令和二年度版　教育出版　ひろがる言葉　小学国語　五下　にも掲載されています。

竹取物語《たけとりものがたり》 (2)

名前

● 「竹取物語《たけとりものがたり》」の〈もとの文《ぶん》〉とその〈現代語訳《げんだいごやく》〉を二回《にかい》読《よ》んで、答《こた》えましょう。

竹取物語《たけとりものがたり》

〈もとの文《ぶん》〉

その竹《たけ》の中《なか》に、
①もと光《ひか》る竹《たけ》なむ《（ん）》
②一筋《ひとすじ》ありける。
③あやしがりて、
寄《よ》りて見《み》るに、
筒《つつ》の中光《なかひか》りたり。
それを見《み》れば、
㋐三寸《さんずん》ばかりなる人《ひと》、
㋑いとうつくしう《（しゅう）》てゐ《（い）》たり。

〈現代語訳《げんだいごやく》〉

ある日《ひ》のこと、その竹林《たけばやし》の中《なか》に、
根元《ねもと》の光《ひか》る竹《たけ》が
一本《いっぽん》あった。
不思議《ふしぎ》に思《おも》って、
近寄《ちかよ》って見《み》ると、
筒《つつ》の中《なか》が光《ひか》っている。
それを見《み》ると、
手《て》にのるぐらいの小《ちい》さな人《ひと》が、
とてもかわいらしい様子《ようす》で
すわっていた。

（令和二年度版　光村図書　国語　五　銀河　「古典の世界（一）」による）

(1) 〈現代語訳《げんだいごやく》〉を読《よ》んで、次《つぎ》の言葉《ことば》の意味《いみ》を、下《した》から選《えら》んで——線《せん》で結《むす》びましょう。

① もと光《ひか》る竹《たけ》なむ《（ん）》　•　　　•　不思議《ふしぎ》に思《おも》って
② 一筋《ひとすじ》ありける　•　　　•　根元《ねもと》の光《ひか》る竹《たけ》が
③ あやしがりて　•　　　•　一本《いっぽん》あった

(2) ㋐三寸《さんずん》ばかりなる人《ひと》は、〈現代語訳《げんだいごやく》〉にはどう書《か》かれていますか。

［　　］［　　］にのるぐらいの［　　］人《ひと》が、

(3) ㋑いとうつくしう《（しゅう）》てゐ《（い）》たりの現代語訳《げんだいごやく》を書《か》きましょう。

［　　　　］

※「竹取物語」の教材は、令和二年度版　東京書籍　新しい国語　五　令和二年度版　教育出版　ひろがる言葉　小学国語　五下　にも掲載されています。

平家物語《へいけものがたり》 (1)

名前

●「平家物語《へいけものがたり》」の〈もとの文《ぶん》〉とその〈現代語訳《げんだいごやく》〉を二回読《にかいよ》んで、答《こた》えましょう。

〈もとの文《ぶん》〉

平家物語《へいけものがたり》

祇園精舎《ぎおんしょうじゃ》の鐘《かね》の声《こえ》、
①諸行無常《しょぎょうむじょう》の響《ひび》きあり。
沙羅双樹《しゃらそうじゅ》の花《はな》の色《いろ》、
②盛者必衰《じょうしゃひっすい》の
㋐理《ことわり》をあらは《(わ)》す。

〈現代語訳《げんだいごやく》〉

祇園精舎《ぎおんしょうじゃ》の鐘《かね》の音《おと》は、「全《すべ》ての物事《ものごと》は移《うつ》り変《か》わる」ということを人《ひと》に思《おも》い起《お》こさせる響《ひび》きがある。

沙羅双樹《しゃらそうじゅ》の花《はな》のすがたは、いきおいのさかんな者《もの》もいつかはおとろえるという道理《どうり》をしめしている。

※祇園精舎《ぎおんしょうじゃ》…釈迦《しゃか》のためにたてられた昔《むかし》インドにあった寺《てら》の名前《なまえ》。

※沙羅双樹《しゃらそうじゅ》…常緑《じょうりょく》の高木《こうぼく》。釈迦《しゃか》がなくなるとき、花《はな》がかれて真《ま》っ白《しろ》になったといわれる。

※道理《どうり》…物事《ものごと》の正《ただ》しいすじ道《みち》。理由《りゆう》。

（令和二年度版　光村図書　国語　五　銀河「古典の世界（一）」による）

(1) 次の①と②の言葉《ことば》を読《よ》みましょう。言葉《ことば》の意味《いみ》を、後《あと》の［　］から選《えら》んで（　）にアかイの文字《もじ》を書《か》きましょう。

① 諸行無常《しょぎょうむじょう》（　　）

② 盛者必衰《じょうしゃひっすい》（　　）

ア　いきおいのさかんな者《もの》もいつかはおとろえる。
イ　全《すべ》ての物事《ものごと》は移《うつ》り変《か》わる。

(2) 〈現代語訳《げんだいごやく》〉を読《よ》んで、平家物語《へいけものがたり》の〈もとの文《ぶん》〉の㋐理《ことわり》をあらは《(わ)》すの言葉《ことば》の意味《いみ》が正《ただ》しい方《ほう》に、○をつけましょう。

（　）「いりません。」と、不要《ふよう》であることを伝《つた》える。

（　）道理《どうり》（物事《ものごと》の正《ただ》しいすじ道《みち》）をしめしている。

※「平家物語」の教材は、令和二年度版　東京書籍　新しい国語　五　令和二年度版　教育出版　ひろがる言葉　小学国語　五下　にも掲載されています。

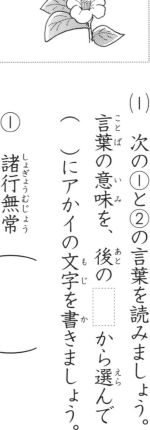

平家物語《へいけものがたり》 (2)

名前

● 「平家物語《へいけものがたり》」の〈もとの文《ぶん》〉とその〈現代語訳《げんだいごやく》〉を二回読《にかいよ》んで、答《こた》えましょう。

〈もとの文《ぶん》〉

おごれる人《ひと》も㋐久《ひさ》しからず、
ただ春《はる》の夜《よ》の夢《ゆめ》のごとし。
㋑たけき者《もの》もつひ《（い）》には滅《ほろ》びぬ、
ひとへ《（え）》に風《かぜ》の前《まえ》の塵《ちり》に同《おな》じ。

〈現代語訳《げんだいごやく》〉

おごり高《たか》ぶる人《ひと》も長《なが》くは続《つづ》かず、
ただ春《はる》の夜《よ》の夢《ゆめ》のように㋒はかない。
強《つよ》い者《もの》も最後《さいご》には滅《ほろ》びる。
まさに風《かぜ》にふき飛《と》ぶ
塵《ちり》と同《おな》じである。

※おごる…思《おも》い上《あ》がって、わがままにふるまう。

（令和二年度版　光村図書　国語　五　銀河「古典の世界（一）」による）

(1) 平家物語《へいけものがたり》の〈もとの文《ぶん》〉に、㋐久《ひさ》しからずとありますが、〈現代《げんだい》語訳《ごやく》〉を読《よ》んで、言葉《ことば》の意味《いみ》が正《ただ》しい方《ほう》に○をつけましょう。

（　）久《ひさ》しぶりに会《あ》えること。
（　）長《なが》くは続《つづ》かないこと。

(2) 〈もとの文《ぶん》〉の、㋑たけき者《もの》もつひ《（い）》には滅《ほろ》びぬは、〈現代語訳《げんだいごやく》〉ではどう書《か》かれていますか。□に言葉《ことば》を書《か》きましょう。

□□□も
□□には滅《ほろ》びる。

(3) 〈現代語訳《げんだいごやく》〉に、㋒はかないとありますが、言葉《ことば》の意味《いみ》が正《ただ》しい方《ほう》に○をつけましょう。

（　）下着《したぎ》やズボンなどを、はかないこと。
（　）あわくてすぐに消《き》えやすいこと。

※「平家物語」の教材は、令和二年度版　東京書籍　新しい国語　五　令和二年度版　教育出版　ひろがる言葉　小学国語　五下　にも掲載されています。

徒然草《つれづれぐさ》

名前

● 「徒然草《つれづれぐさ》」の〈もとの文《ぶん》〉を二回読《にかいよ》んで、文《ぶん》に合《あ》う〈現代語訳《げんだいごやく》〉を下《した》から選《えら》び——線《せん》で結《むす》びましょう。

徒然草《つれづれぐさ》　兼好法師《けんこうほうし》

〈もとの文《ぶん》〉

つれづれなるままに、
日暮《ひぐ》らし、
硯《すずり》に向《む》かひ《（い）》て、
心《こころ》にうつりゆく
①よしなし事《ごと》を、
②そこはかとなく
書《か》きつくれば、
③あやしう《（しゅう）》こそ
ものぐるほし《（お）》けれ。

〈現代語訳《げんだいごやく》〉

・一日中《いちにちじゅう》、
・硯《すずり》に向《む》かいながら、
・㋐することがなく、たいくつであるのに任《まか》せて、
・心《こころ》に次々《つぎつぎ》とうかんでは消《き》えていく、
・なんという当《あ》てもなく
・とりとめもないことを、
・落《お》ち着《つ》いていられない。
・書《か》き付《つ》けていると、
・みょうに心《こころ》がみだれて、

（令和二年度版　光村図書　国語　五　銀河　「古典の世界（一）」による）

(1) 〈現代語訳《げんだいごやく》〉の㋐することがなく、たいくつであるのに任《まか》せてを〈もとの文《ぶん》〉の言葉《ことば》で書《か》きましょう。

(2) 次《つぎ》の〈もとの文《ぶん》〉の言葉《ことば》の意味《いみ》を、下《した》から選《えら》んで——線《せん》で結《むす》びましょう。

① よしなし事《ごと》・
② そこはかとなく・
③ あやしう《（しゅう）》こそ・

・みょうに心《こころ》がみだれて
・とりとめもないこと
・なんという当《あ》てもなく

※「徒然草」の教材は、令和二年度版　東京書籍　新しい国語　五　にも掲載されています。

おくのほそ道《みち》

名前

● 「おくのほそ道《みち》」の〈もとの文《ぶん》〉を二回読《にかいよ》んで、文《ぶん》に合《あ》う〈現代語訳《げんだいごやく》〉を下《した》から選《えら》び――線《せん》で結《むす》びましょう。

おくのほそ道《みち》　松尾《まつお》　芭蕉《ばしょう》

〈もとの文《ぶん》〉

㋐月日《つきひ》は百代《はくたい》の
過客《かかく》にして、 ・
行《ゆ》きかふ《（こう）》年《とし》も
また旅人《たびびと》なり。 ・
舟《ふね》の上《うえ》に
生涯《しょうがい》を浮《う》かべ、 ・
馬《うま》の口《くち》とらへ《（え）》て
老《お》いを迎《むか》ふ《（こう）》る者《もの》は、 ・
日々《ひび》旅《たび》にして ・
旅《たび》をすみかとす。 ・

〈現代語訳《げんだいごやく》〉

・過《す》ぎ去《さ》っては新《あたら》しく
やって来《く》る年《とし》もまた旅人《たびびと》に似《に》ている。

・月日《つきひ》は永遠《えいえん》に旅《たび》を続《つづ》ける
旅人《たびびと》のようなものであり、

・馬《うま》のくつわを取《と》って
老年《ろうねん》をむかえる馬子《まご》などは、

・毎日毎日《まいにちまいにち》が旅《たび》であって、

・一生《いっしょう》を舟《ふね》の上《うえ》でくらす船頭《せんどう》や、

・旅《たび》そのものを
自分《じぶん》のすみかとしている。

※馬子《まご》…馬《うま》をひいて、人《ひと》や荷物《にもつ》を運《はこ》ぶ仕事《しごと》をする人《ひと》

（令和二年度版　光村図書　国語　五　銀河「古典の世界（一）」による）

(1) おくのほそ道《みち》の〈もとの文《ぶん》〉、㋐月日《つきひ》は百代《はくたい》の過客《かかく》にしてという文《ぶん》の意味《いみ》を、〈現代語訳《げんだいごやく》〉からさがして書《か》きましょう。

月日《つきひ》は永遠《えいえん》に（　　）を
続《つづ》ける（　　　　）の
ようなものであり、

(2) 次《つぎ》の言葉《ことば》と合《あ》う職業《しょくぎょう》を、下《した》から選《えら》んで――線《せん》で結《むす》びましょう。

① 舟《ふね》の上《うえ》に生涯《しょうがい》を浮《う》かべ　・　　・馬子《まご》

② 馬《うま》の口《くち》とらへ《（え）》て老《お》いを迎《むか》ふ《（こう）》る者《もの》　・　　・船頭《せんどう》

※「おくのほそ道」の教材は、令和二年度版　東京書籍　新しい国語　五　にも掲載されています。

枕草子《まくらのそうし》 (1)

名前

● 作者《さくしゃ》の清少納言《せいしょうなごん》が心《こころ》に感《かん》じたことを自由《じゆう》に書《か》き記《しる》した「枕草子《まくらのそうし》」の〈もとの文《ぶん》〉とその〈現代語訳《げんだいごやく》〉を二回読《にかいよ》んで、答《こた》えましょう。

〈もとの文《ぶん》〉

春《はる》はあけぼの。
やうやう（ようよう）白《しろ》くなりゆく
山《やま》ぎは（わ）、
すこしあかりて、
紫《むらさき》だちたる雲《くも》の
ほそくたなびきたる。

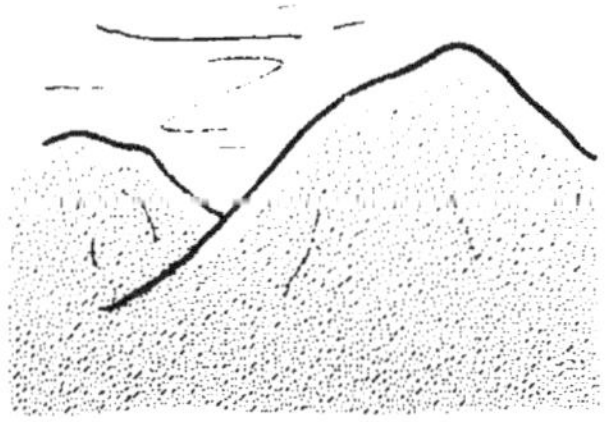

〈現代語訳《げんだいごやく》〉

春《はる》は明《あ》け方《がた》がよい。
だんだん白《しろ》くなっていく
山《やま》ぎわの空《そら》が、
少《すこ》し明《あか》るくなって、
紫《むらさき》がかった雲《くも》が
細《ほそ》くたなびいているのがよい。

（令和二年度版　光村図書　国語　五　銀河「春の空」による）

※「枕草子」の教材は、令和二年度版　東京書籍　新しい国語　五　にも掲載されています。

(1) 清少納言《せいしょうなごん》は、春《はる》はいつがよいと言《い》ってますか。〈もとの文《ぶん》〉から書《か》き出《だ》しましょう。

春《はる》は　□□□□　。

(2) やうやう（ようよう）白《しろ》くなりゆくの、現代語訳《げんだいごやく》を書《か》きましょう。

白《しろ》く　□□□□□□□□□

(3) 作者《さくしゃ》が、次《つぎ》の色《いろ》で表《あらわ》しているものは何《なん》ですか。——線《せん》で結《むす》びましょう。

① 白《しろ》　・　　　・　細《ほそ》くたなびく雲《くも》の色《いろ》

② 紫《むらさき》　・　　　・　山《やま》ぎわの空《そら》の色《いろ》

枕草子《まくらのそうし》 (2)

名前

● 「枕草子《まくらのそうし》」（清少納言《せいしょうなごん》）の〈もとの文《ぶん》〉とその〈現代語訳《げんだいごやく》〉を二回読《にかいよ》んで、答《こた》えましょう。

〈もとの文《ぶん》〉

夏《なつ》は夜《よる》。
月《つき》のころはさらなり、①
闇《やみ》もなほ《（お）》、
蛍《ほたる》の多《おお》く飛《と》びちがひ《（い）》たる。
また、ただ一《ひと》つ二《ふた》つなど、
ほのかにうち光《ひか》りて
行《ゆ》くも
②をかし《（お）》。
雨《あめ》など降《ふ》るもをかし《（お）》。

〈現代語訳《げんだいごやく》〉

夏《なつ》は夜《よる》がよい。
月《つき》のころは言《い》うまでもないが、
月《つき》のない闇夜《やみよ》でもやはり、
蛍《ほたる》がたくさん飛《と》びかっているのはよい。
ただ一《いっ》ぴき二《に》ひきと、
かすかに光《ひか》りながら
飛《と》んでいくのも、
しみじみとしてよい。
雨《あめ》などが降《ふ》るのもよいものである。

（令和二年度版　光村図書　国語　五　銀河「夏の夜」による）

(1) 作者《さくしゃ》は、夏《なつ》は朝《あさ》・昼《ひる》・夜《よる》のうち、いつがよいと言《い》っていますか。

［　　　　］

(2) 作者《さくしゃ》は夏《なつ》の夜《よる》の、どのような様子《ようす》がよいと言《い》っていますか。四《よっ》つに○をつけましょう。

（　）月《つき》のころがよい。
（　）闇夜《やみよ》に蛍《ほたる》がたくさん飛《と》びかっているのはよい。
（　）明《あ》け方《がた》がよい。
（　）雨《あめ》などが降《ふ》るのもよい。
（　）蛍《ほたる》が一《いっ》ぴき二《に》ひきと、かすかに光《ひか》りながら飛《と》んでいくのもよい。

(3) 次《つぎ》の言葉《ことば》の意味《いみ》を下《した》から選《えら》んで――線《せん》で結《むす》びましょう。

① さらなり　・　　・しみじみとしてよい
② をかし《（お）》　・　　・言《い》うまでもない

※「枕草子」の教材は、令和二年度版　東京書籍　新しい国語　五　にも掲載されています。

枕草子《まくらのそうし》 (3)－①

名前

●「枕草子《まくらのそうし》」（清少納言《せいしょうなごん》）の〈もとの文《ぶん》〉とその〈現代語訳《げんだいごやく》〉を二回《にかい》読《よ》んで、答《こた》えましょう。

〈もとの文《ぶん》〉

秋《あき》は夕暮《ゆうぐ》れ。
夕日《ゆうひ》のさして
㋐山《やま》の端《は》いと近う《（ちこう）》なりたるに、
烏《からす》の①ねどころへ行《い》くとて、
三《みっ》つ四《よっ》つ、二《ふた》つ三《みっ》つなど、
飛《と》びいそぐさへ《（え）》
㋑あはれ《（わ）》なり。
②まいて雁《かり》などのつらねたるが、
③いと小《ちい》さく見《み》ゆるは
㋒いとを《（お）》かし。
㋓日《ひ》入《い》り果《は》てて、
風《かぜ》の音《おと》、虫《むし》の音《ね》など、
㋔はた言《い》ふ《（う）》べきにあらず。

〈現代語訳《げんだいごやく》〉

秋《あき》は夕暮《ゆうぐ》れがよい。
夕日《ゆうひ》が差《さ》して、
山《やま》にとても近《ちか》くなったころに、
烏《からす》がねぐらに行《い》こうとして、
三羽四羽《さんわよんわ》、二羽三羽《にわさんわ》などと、
急《いそ》いで飛《と》んでいく様子《ようす》まで
しみじみとしたものを感《かん》じさせる。
まして、雁《かり》などが列《れつ》を作《つく》っているのが、
とても小《ちい》さく見《み》えるのは、
たいへん味《あじ》わい深《ぶか》いものだ。
日《ひ》がすっかりしずんでしまって、
風《かぜ》の音《おと》や虫《むし》の音《ね》などがするのも、
言《い》い表《あらわ》しようがなくよいものだ。

（令和二年度版　光村図書　国語　五　銀河「秋の夕暮れ」による）

※「枕草子」の教材は、令和二年度版　東京書籍　新しい国語　五　にも掲載されています。

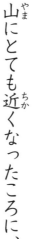

枕草子《まくらのそうし》 (3)－②

名前

● 枕草子《まくらのそうし》(3)－①の〈もとの文《ぶん》〉と、〈現代語訳《げんだいごやく》〉を二回《にかい》読《よ》んで答《こた》えましょう。

(1) 〈もとの文《ぶん》〉次《つぎ》の言葉《ことば》の意味《いみ》を、下《した》から選《えら》んで──線《せん》で結《むす》びましょう。

① ねどころ ・　　・まして

② まいて ・　　・とても

③ いと ・　　・ねぐら

(2) Ⓐ山《やま》の端《は》いと近う《（ちこう）》なりたるにの現代語訳《げんだいごやく》を書《か》きましょう。

ころに、□

(3) Ⓘあは《（わ）》れなりの現代語訳《げんだいごやく》を書《か》きましょう。

□□□□と

したものを感《かん》じさせる。

(4) Ⓤいとを《（お）》かしの現代語訳《げんだいごやく》を書《か》きましょう。

たいへん□□□□□

ものだ。

(5) Ⓔ日《ひ》いり果《は》てての現代語訳《げんだいごやく》を書《か》きましょう。

□がすっかり

□□□□しまって、

(6) Ⓞはた言ふ《（う）》べきにあらずの現代語訳《げんだいごやく》を書《か》きましょう。

□

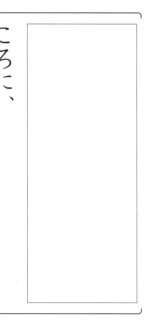

枕草子《まくらのそうし》　(4)ー①

名前

●「枕草子《まくらのそうし》」（清少納言《せいしょうなごん》）の〈もとの文《ぶん》〉を二回読《にかいよ》んで、文《ぶん》に合《あ》う〈現代語訳《げんだいごやく》〉を下《した》から選《えら》び――線《せん》で結《むす》びましょう。

〈もとの文《ぶん》〉

㋐冬《ふゆ》はつとめて。

雪《ゆき》の降《ふ》りたるは

言《い》ふ（う）べきにもあらず、

霜《しも》のいと白《しろ》きも、

㋑またさらでも

いと寒《さむ》きに、

火《ひ》などいそぎおこして、

炭《すみ》もてわたるも

㋒いとつきづきし。

昼《ひる》になりて、

㋓ぬるくゆるびもていけば、

火桶《ひおけ》の火《ひ》も

白《しろ》き灰《はい》がちになりて

㋔わろし。

〈現代語訳《げんだいごやく》〉

・雪《ゆき》が降《ふ》っているのは言《い》うまでもない。

・霜《しも》が真《ま》っ白《しろ》なのも、

・またそうでなくても、

・冬《ふゆ》は早朝《そうちょう》がよい。

・とても寒《さむ》いときに、

・たいへん冬《ふゆ》らしい。

・火《ひ》などを急《いそ》いでおこして、炭《すみ》を持《も》ち運《はこ》ぶ様子《ようす》も、

・寒《さむ》さがやわらいでくると、

・昼《ひる》になって、

・白《しろ》い灰《はい》が多《おお》くなってきて、

・よくない。

・火桶《ひおけ》の中《なか》の火《ひ》も

（令和二年度版　光村図書　国語　五　銀河「冬の朝」による）

※「枕草子」の教材は、令和二年度版　東京書籍　新しい国語　五　にも掲載されています。

枕《まくらの》草子《そうし》 (4)ー②

名前

●枕《まくらの》草子《そうし》(4)ー①の〈もとの文《ぶん》〉と、もとの文《ぶん》に合《あ》う〈現代語訳《げんだいごやく》〉を二回《にかい》読《よ》んで、答《こた》えましょう。

(1) ㋐冬《ふゆ》はつとめての現代語訳《げんだいごやく》を書《か》きましょう。

［ □は□□がよい。 ］

(2) ㋑またさらでもの現代語訳《げんだいごやく》を書《か》きましょう。

［ また□□でなくても ］

(3) ㋒いとつきづきしの現代語訳《げんだいごやく》です。正《ただ》しい方《ほう》に○をつけましょう。

（　）とても寒《さむ》いときに

（　）たいへん冬《ふゆ》らしい。

(4) ㋓ぬるくゆるびもていけば、の現代語訳《げんだいごやく》を書《か》きましょう。

［ 寒《さむ》さが□□□□□くると、 ］

(5) ㋔わろしの現代語訳《げんだいごやく》を書《か》きましょう。

□□□□

カレーライス（1）

名前

● 次《つぎ》の文章《ぶんしょう》を二回《にかい》読《よ》んで、答《こた》えましょう。

1

ぼくは悪《わる》くない。
だから、絶対《ぜったい》に
「ごめんなさい。」は言《い》わない。
言《い》うもんか、お父《とう》さんなんかに。
Ⓐ「いいかげんに意地《いじ》を張《は》るのは
やめなさいよ。」
お母《かあ》さんはあきれ顔《がお》で言《い》うけど、
あやまる気《き》はない。先《さき》に
あやまるのはお父《とう》さんのほうだ。

2

確《たし》かに、一日三十分《いちにちさんじゅっぷん》の㋐約束《やくそく》を
破《やぶ》って、夕食《ゆうしょく》が終《お》わった後《あと》も
ゲームをしていたのは、
よくなかった。だけど、セーブも
させないで、いきなりゲーム機《き》の
コードをぬいて電源《でんげん》を
切《き》っちゃうのは、
いくらなんでも
㋑ひどいじゃないか。

※セーブ…コンピューターやテレビゲームのそうさのと中《ちゅう》や最後《さいご》で、それまでにおこなった内容《ないよう》をほぞんすること。

（令和二年度版　光村図書　国語　五　銀河　重松《しげまつ》　清《きよし》）

1

(1) ぼくは、なぜ「ごめんなさい。」を言《い》わないのですか。

ぼくは［　　　　］と、思《おも》っているから。

(2) Ⓐの言葉《ことば》はだれが言《い》った言葉《ことば》ですか。

［　　　　］

2

(1) ぼくは、どんな㋐約束《やくそく》を破《やぶ》りましたか。

一日《いちにち》［　　　］は［　　　］

(2) お父《とう》さんがした㋑ひどいことは、何《なん》ですか。○をつけましょう。

（　）夕食《ゆうしょく》が終《お》わった後《あと》に、お父《とう》さんが一人《ひとり》でゲームをしていたこと。

（　）セーブもさせないで、いきなりゲーム機《き》のコードをぬいて電源《でんげん》を切《き》ったこと。

カレーライス (2)

名前

● 次《つぎ》の文章《ぶんしょう》を二回《にかい》読《よ》んで、答《こた》えましょう。

1

登場人物《とうじょうじんぶつ》　ひろし（ぼく）

朝食《ちょうしょく》を終《お》えて自分《じぶん》の部屋《へや》にもどったら、ランドセルの下《した》に㋐手紙《てがみ》が置《お》いてあった。

「お父《とう》さんとまだ口《くち》をきいてないの。お父《とう》さん、さびしがっていましたよ。」

絵《え》の得意《とくい》なお母《かあ》さんは、しょんぼりするお父《とう》さんの㋑似顔絵《にがおえ》を手紙《てがみ》にそえていた。

2

学校《がっこう》にいる間《あいだ》、何度《なんど》も心《こころ》の中《なか》で㋒練習《れんしゅう》した。お父《とう》さん、この前《まえ》はごめんなさい――。

言《い》える言《い》える、だいじょうぶだいじょうぶ、と自分《じぶん》を元気《げんき》づけた。

「うげえっ、そんなの言《い》うのってかっこ悪《わる》いよ。」と㋓自分《じぶん》を冷《ひ》やかす自分《じぶん》も、むねのおくのどこかにいるんだけど。

（令和二年度版　光村図書　国語　五　銀河　重松《しげまつ》　清《きよし》）

1

(1) ランドセルの下《した》の㋐手紙《てがみ》は、だれが書《か》きましたか。

［　　　　］

(2) 手紙《てがみ》には、どんな様子《ようす》のお父《とう》さんの㋑似顔絵《にがおえ》がそえられていましたか。

［□□□□□するお父《とう》さんの似顔絵《にがおえ》］

2

(1) 学校《がっこう》にいる間《あいだ》、㋒練習《れんしゅう》した言葉《ことば》を書《か》きましょう。

［□□□□、この前《まえ》は□□□□□□――。］

(2) ㋓自分《じぶん》を冷《ひ》やかす自分《じぶん》とは、どんなひろしのことですか。〇をつけましょう。

（　）だいじょうぶだいじょうぶと自分《じぶん》をはげますひろし。

（　）そんなの言《い》うのってかっこ悪《わる》いよ。と自分《じぶん》を冷《ひ》やかすひろし。

カレーライス (3)

名前

● 次《つぎ》の文章《ぶんしょう》を二回《にかい》読《よ》んで、答《こた》えましょう。

1

登場人物《とうじょうじんぶつ》 ひろし（ぼく）・お父《とう》さん

夕方《ゆうがた》、家《いえ》に帰《かえ》ると、お父《とう》さんがいた。

「かぜ、ひいちゃったよ。熱《ねつ》があるから、会社《かいしゃ》を早退《そうたい》して、さっき帰《かえ》ってきたんだ。」

パジャマすがたで居間《いま》に出《で》てきたお父《とう》さんは、本当《ほんとう》に具合《ぐあい》が悪《わる》そうだった。声《こえ》はしわがれて、せきも出《で》ている。

2

「晩《ばん》ご飯《はん》、今夜《こんや》は弁当《べんとう》だな。」

お父《とう》さんがそう言《い》ったとき、㋐思《おも》わず、ぼくは答《こた》えていた。

「何《なに》か作《つく》るよ。ぼく、作《つく》れるから。」

「えっ。」

「だいじょうぶ、作《つく》れるもん。」

お父《とう》さんは、㋑きょとんとしていた。でも、いちばん㋒おどろいているのは、ぼく自身《じしん》だ。

（令和二年度版　光村図書　国語　五　銀河　重松《しげまつ》　清《きよし》）

1

(1) 夕方《ゆうがた》、家《いえ》に帰《かえ》ると、だれがいましたか。

(2) お父《とう》さんはどんな様子《ようす》でしたか。三《みっ》つに○をつけましょう。

（　）声《こえ》がしわがれている。

（　）スーツを着《き》ている。

（　）熱《ねつ》がある。

（　）せきも出《で》ている。

2

(1) ぼくは、㋐思《おも》わず、何《なん》と答《こた》えていましたか。

ぼく、作《つく》れるから。

（　　　　）。

(2) ㋑きょとんとしたのは、だれですか。

(3) いちばん㋒おどろいているのは、だれですか。

（　　）自身《じしん》。

カレーライス (4)

名前

● 次《つぎ》の文章《ぶんしょう》を二回《にかい》読《よ》んで、答《こた》えましょう。

1

登場人物《とうじょうじんぶつ》　ひろし（ぼく）・お父《とう》さん

あ「家《いえ》で作《つく》ったご飯《はん》のほうが栄養《えいよう》あるから、かぜも治《なお》るから。」

なんて、全然《ぜんぜん》言《い》うつもりじゃなかったのに。

い「いや、でも――。」

と言《い》いかけたお父《とう》さんは、少《すこ》し考《かんが》えてから、まあいいか、と笑《わら》った。

う「お父《とう》さんも手伝《てつだ》うから。で、何《なに》を作《つく》るんだ。」

2

答《こた》えは、今度《こんど》も、考《かんが》えるより先《さき》に出《で》た。

「カレー。」

「だって、おまえ、カレーって、ゆうべもおとといも――。」

え「でもカレーなの。いいからカレーなの。絶対《ぜったい》にカレーなの。」

子《こ》どもみたいに大《おお》きな声《こえ》で言《い》い張《は》った。

ア ほっぺたが急《きゅう》に熱《あつ》くなった。

（令和二年度版　光村図書　国語　五　銀河　重松《しげまつ》　清《きよし》）

1

(1) あといとうの言葉《ことば》はそれぞれ、だれが言《い》いましたか。

あ

い

う

2

(1) えの言葉《ことば》の中《なか》でひろしは、「カレー」という言葉《ことば》を、何回《なんかい》言《い》いましたか。

回《かい》

(2) ア ほっぺたが急《きゅう》に熱《あつ》くなったのはだれですか。

カレーライス (5)

名前

● 次《つぎ》の文章《ぶんしょう》を二回《にかい》読《よ》んで、答《こた》えましょう。

1 2 登場人物《とうじょうじんぶつ》 ひろし（ぼく）・お父《とう》さん

1

「じゃあ、カレーでいいか。」

お父《とう》さんは笑《わら》って、台所《だいどころ》の㋐戸《と》だなを開《あ》けた。

「おととい買《か》ってきたルウが残《のこ》ってるから、それ使《つか》えよ。」

戸《と》だなから取《と》り出《だ》したのは――甘口《あまくち》。お子《こ》さま向《む》けの、うんとあまいやつ。

お母《かあ》さんが、

「ひろしはこっちね。」

と、ぼくの分《ぶん》だけ別《べつ》のなべでカレーを作《つく》っていた低学年《ていがくねん》のころは、ルウは㋑いつもこれだった。

2

「だめだよ、こんなのじゃ。」

ぼくは戸《と》だなの別《べつ》の場所《ばしょ》から、㋒お母《かあ》さんが買《か》い置《お》きしているルウを出《だ》した。

「だって、ひろし、それ『中辛《ちゅうから》』だぞ。からいんだぞ、口《くち》の中《なか》ひいひいしちゃうぞ。」

(あ)「何《なに》言《い》ってんの、お母《かあ》さんと二人《ふたり》のときは、いつもこれだよ。」

お父《とう》さんは、またきょとんとした顔《かお》になった。


（令和二年度版　光村図書　国語　五　銀河　重松《しげまつ》清《きよし》）

1

(1) お父《とう》さんが㋐おととい買《か》ってきたルウは、どんなルウですか。○をつけましょう。

（　）甘口《あまくち》
（　）辛口《からくち》

(2) お父《とう》さんが買《か》ってきたルウは、いつごろ㋑いつも使《つか》っていましたか。

ぼくの分《ぶん》だけ別《べつ》のなべでカレーを作《つく》っていた［　　　　］のころ。

2

(1) ㋒お母《かあ》さんが買《か》い置《お》きしているルウは、どんなルウですか。○をつけましょう。

（　）甘口《あまくち》
（　）中辛《ちゅうから》

(2) ひろしが言《い》った(あ)の言葉《ことば》を聞《き》いて、お父《とう》さんは、どんな顔《かお》になりましたか。

お父《とう》さんは、また［　　　　］とした顔《かお》になった。

カレーライス (6)

次《つぎ》の文章《ぶんしょう》を二回《にかい》読《よ》んで、答《こた》えましょう。

名前

登場人物《とうじょうじんぶつ》　ひろし（ぼく）・お父《とう》さん

「おまえ、もう『中辛《ちゅうから》』なのか。」
㋐意外《いがい》そうに、㋑半信半疑《はんしんはんぎ》で
きいてくる。
ああ、もう、これだよ。
お父《とう》さんって、なあんにも
㋒分《わ》かってないんだから。
あきれた。うんざりした。
でも、
「そうかあ、ひろしも『中辛《ちゅうから》』
なのかあ、そうかそうか。」
と、うれしそうに何度《なんど》も
うなずくお父《とう》さんを見《み》ていると、
なんだか㋓こっちまで
うれしくなってきた。

（令和二年度版　光村図書　国語　五　銀河　重松《しげまつ》　清《きよし》）

(1) お父《とう》さんはどんなことが、㋐意外《いがい》なのですか。

『ひろしが、もう『□□』だということ。』

(2) ㋑半信半疑《はんしんはんぎ》とは、どういう意味《いみ》ですか。○をつけましょう。

（　）本当《ほんとう》かどうか、うたがっている。
（　）なっとくしている。

(3) ㋒分《わ》かってないお父さんに、ひろしはどんな気持《き》ち《も》になりましたか。二《ふた》つ書《か》きましょう。

□□□た。
□□□□した。

(4) ㋓こっちまでうれしくなってきたのは、だれですか。

□□□

カレーライス　(7)

名前

●次《つぎ》の文章《ぶんしょう》を二回《にかい》読《よ》んで、答《こた》えましょう。

登場人物《とうじょうじんぶつ》　ひろし（ぼく）・お父《とう》さん

1

㋐二人《ふたり》で作《つく》ったカレーライスができあがった。

野菜担当《やさいたんとう》のお父《とう》さんが切《き》ったじゃがいもやにんじんは、やっぱり不格好《ぶかっこう》だったけど、しんが残《のこ》らないようにしっかりにこんだ。台所《だいどころ》にカレーの香《かお》りがぷうんとただよう。

㋑カレーはこうでなくっちゃ。

2

お父《とう》さんは、ずっとごきげんだった。

「いやあ、まいったなあ。ひろしももう『中辛《ちゅうから》』だったんだなあ。そうだよなあ、来年《らいねん》から中学生《ちゅうがくせい》なんだもんなあ。」

と、一人《ひとり》でしゃべって、

「かぜも治《なお》っちゃったよ。」

と笑《わら》って、

思《おも》いっ切《き》り㋒大《おお》もりにご飯《はん》をよそった。

（令和二年度版　光村図書　国語　五　銀河　重松《しげまつ》　清《きよし》）

1

(1) ㋐二人《ふたり》で作《つく》ったカレーライスとありますが、だれとだれが作《つく》りましたか。二人《ふたり》書《か》きましょう。

(2) ㋑カレーはこうでなくっちゃ。と思《おも》ったのは、だれですか。

2

(1) お父《とう》さんは、ずっと、どんな様子《ようす》でしたか。

だった。

(2) ㋒大《おお》もりにご飯《はん》をよそったのは、だれですか。

カレーライス (8)

名前

● 次《つぎ》の文章《ぶんしょう》を二回《にかい》読《よ》んで、答《こた》えましょう。

登場人物《とうじょうじんぶつ》　ひろし（ぼく）・お父《とう》さん

食卓《しょくたく》に向《む》き合《あ》ってすわった。
「ごめんなさい。」は
㋐言《い》えなかったけど、お父《とう》さんは
ごきげんだし、
「今度《こんど》は別《べつ》の料理《りょうり》も二人《ふたり》で
作《つく》ろうか。」と㋑約束《やくそく》したし、
残《のこ》り半分《はんぶん》になった今月《こんげつ》の
「お父《とう》さんウィーク」は、
いつもよりちょっと楽《たの》しく
過《す》ごせそうだ。
「じゃあ、いただきまあす。」
㋒口《くち》を大《おお》きく開《あ》けてカレーを
ほお張《ば》った。
㋓ぼくたちの
特製《とくせい》カレーは、
ぴりっとからくて、
でも、ほんのり
あまかった。

（令和二年度版　光村図書　国語　五　銀河　重松《しげまつ》　清《きよし》）

(1) ㋐ぼくが言《い》えなかった言葉《ことば》は、何《なん》ですか。

(2) どんな㋑約束《やくそく》をしましたか。

「今度《こんど》は別《べつ》の料理《りょうり》も　　　　」。と約束《やくそく》した。

(3) ㋒口《くち》を大《おお》きく開《あ》けてカレーをほお張《ば》ったのはだれですか。

(4) ㋓ぼくたちの特製《とくせい》カレーは、どんなカレーでしたか。

ぴりっと　　　　、
でも、ほんのり　　　　。

からたちの花《はな》

名前

● 次《つぎ》の詩《し》を二回《にかい》読《よ》んで、答《こた》えましょう。

からたちの花《はな》

北原《きたはら》 白秋《はくしゅう》

1
からたちの花《はな》が咲《さ》いたよ。
白《しろ》い白《しろ》い花《はな》が咲《さ》いたよ。

2
からたちのとげはいたいよ。
青《あお》い青《あお》い針《はり》のとげだよ。

3
からたちは畑《はた》の垣根《かきね》よ。
いつもいつもとおる道《みち》だよ。

4
からたちも秋《あき》はみのるよ。
まろいまろい金《きん》のたまだよ。

5
からたちのそばで泣《な》いたよ。
みんなみんなやさしかったよ。

6
からたちの花《はな》が咲《さ》いたよ。
白《しろ》い白《しろ》い花《はな》が咲《さ》いたよ。

（令和二年度版 光村図書 国語 五 銀河 北原 白秋）

(1) この詩《し》は、何連《なんれん》でできていますか。

［　　］連《れん》

(2) それぞれの連《れん》の、はじめの言葉《ことば》を書《か》きましょう。

［　］［　］［　］［　］

(3) それぞれの連《れん》の二行目《にぎょうめ》は、どのようになっていますか。○をつけましょう。

（　）「白《しろ》い白《しろ》い」や「青《あお》い青《あお》い」のような同《おな》じ言葉《ことば》のくり返《かえ》しになっている。

（　）反対《はんたい》の言葉《ことば》が書《か》かれている。

(4) 第五連《だいごれん》では、どんなことが書《か》かれていますか。○をつけましょう。

（　）からたちの花《はな》が散《ち》るときの、さみしい気《き》もち。

（　）からたちのある場所《ばしょ》でのできごと。

(5) 同《おな》じ文《ぶん》になっているのは、第何連《だいなんれん》と第何連《だいなんれん》ですか。

第《だい》［　］連《れん》と第《だい》［　］連《れん》

たずねびと (1)

名前

● 次《つぎ》のあらすじと文章《ぶんしょう》を二回《にかい》読《よ》んで、答《こた》えましょう。

駅《えき》の構内《こうない》で「さがしています」という言葉《ことば》が印象的《いんしょうてき》なポスターが綾《あや》の目《め》に飛《と》びこんできた。それは、広島市《ひろしまし》から来《き》た『原爆供養塔納骨名簿《げんばくくようとうのうこつめいぼ》』のポスターだった。綾《あや》はその中《なか》に「楠木《くすのき》アヤ（十一《じゅういっ》さい）」という、自分《じぶん》と同《おな》じ名前《なまえ》、同《おな》じ年《ねん》れいの文字《もじ》を見《み》つけた。どうして何十年《なんじゅうねん》もの間《あいだ》、だれもアヤちゃんを探《さが》しに来《こ》ないのか気《き》になった綾《あや》は、お母《かあ》さんとお兄《にい》ちゃんとの三人《さんにん》で、広島《ひろしま》まで楠木《くすのき》アヤちゃんをさがしに行《い》く約束《やくそく》をした。

1

約束《やくそく》の日《ひ》、おじいちゃんの具合《ぐあい》が悪《わる》くなったので、お母《かあ》さんは行《い》けなくなった。結局《けっきょく》、お兄《にい》ちゃんと二人《ふたり》だけで広島《ひろしま》に向《む》かった。

2

登場人物《とうじょうじんぶつ》　綾《あや》・お兄《にい》ちゃん

広島《ひろしま》まで在来線《ざいらいせん》で行《い》くと、数時間《すうじかん》かかる。広島駅《ひろしまえき》からは路面電車《ろめんでんしゃ》で平和記念公園《へいわきねんこうえん》に向《む》かった。にぎやかな通《とお》りを過《す》ぎて橋《はし》の手前《てまえ》で下《お》りると、すぐ目《め》の前《まえ》に原爆《げんばく》ドームがあった。

（令和二年度版　光村図書　国語　五　銀河　朽木《くつき》　祥《しょう》）

1

(1) お母《かあ》さんは、なぜ行《い》けなくなったのですか。

(2) 綾《あや》は、だれと二人《ふたり》だけで広島《ひろしま》に向《む》かいましたか。

2

(1) 広島駅《ひろしまえき》から路面電車《ろめんでんしゃ》で、どこに向《む》かいましたか。

(2) 路面電車《ろめんでんしゃ》を下《お》りると目《め》の前《まえ》にあったものは、何《なん》ですか。

原爆《げんばく》

たずねびと (2)

名前

次《つぎ》の文章《ぶんしょう》を二回《にかい》読《よ》んで、答《こた》えましょう。

登場人物《とうじょうじんぶつ》　綾《あや》・お兄《にい》ちゃん

1

秋《あき》の空《そら》は高《たか》く青《あお》くすんで、ゆったり流《なが》れる川《かわ》にも空《そら》の色《いろ》がうつっていた。ほね組《ぐ》みがむきだしのドームがその場《ば》にあるのが㋐不思議《ふしぎ》なくらい、明《あか》るくて晴《は》れ晴《ば》れとした景色《けしき》だった。

——ここが㋑爆心地《ばくしんち》なのか。ここで本当《ほんとう》にたくさんの人《ひと》が死《し》んだの——。

2

お兄《にい》ちゃんも、独《ひと》り言《ごと》みたいにつぶやいた。

「信《しん》じられないよな。水面《すいめん》が見《み》えないくらい、㋒びっしり人《ひと》がういてたなんて。」

その川《かわ》をわたって、慰霊碑《いれいひ》にお参《まい》りしてから、㋓まず平和記念資料館《へいわきねんしりょうかん》に向《む》かった。

（令和二年度版　光村図書　国語　五　銀河　朽木《くつき》　祥《しょう》）

1

(1) どんなことが、㋐不思議《ふしぎ》なのですか。あてはまるものに○をつけましょう。

(　) ゆったり流《なが》れる川《かわ》に空《そら》の色《いろ》がうつっていること。

(　) ほね組《ぐ》みがむき出《だ》しのドームがその場《ば》にあること。

(2) ㋑爆心地《ばくしんち》の意味《いみ》に合《あ》う文《ぶん》に、○をつけましょう。

(　) 地《じ》しんのしんげん地《ち》

(　) 原爆《げんばく》（原子爆弾《げんしばくだん》）が爆発《ばくはつ》した中心《ちゅうしん》の場所《ばしょ》

2

(1) ㋒びっしり人《ひと》がういていたのは、どこですか。漢字一字《かんじいちじ》で答《こた》えましょう。

(2) ㋓まず、どこに向《む》かいましたか。

たずねびと (3)

名前

● 次《つぎ》の文章《ぶんしょう》を二回《にかい》読《よ》んで、答《こた》えましょう。

1

資料館《しりょうかん》を半分《はんぶん》も見《み》て回《まわ》らないうちに、わたしは㋐頭《あたま》がくらくらしてきた。何《なに》もかも信《しん》じられないことばかりだった。

2

だけど、㋑陳列《ちんれつ》ケースにならべられた、ご飯《はん》が炭化《たんか》した弁当箱《べんとうばこ》、くにゃりととけてしまったガラスびん、八時十五分《はちじじゅうごふん》で止《と》まったうで時計《どけい》が、そして焼《や》けただれた三輪車《さんりんしゃ》や石段《いしだん》に残《のこ》る人《ひと》の形《かたち》のかげが、「本当《ほんとう》なんです。あなたは知《し》らなかったの。」と問《と》いかけてくるような気《き》がした。原爆《げんばく》の閃光《せんこう》や熱風《ねっぷう》、四千度《よんせんど》もの熱《ねつ》のせいで、この持《も》ち主《ぬし》たちは、ほとんどみんな死《し》んでしまったのだ。

——たった一発《いっぱつ》の爆弾《ばくだん》で、こんなひどいことになるなんて。

（令和二年度版　光村図書　国語　五　銀河　朽木《くつき》　祥《しょう》）

1 ㋐頭《あたま》がくらくらしてきたのはなぜですか。

2 綾《あや》が見《み》た、㋑陳列《ちんれつ》ケースにならべられたものを五《いつ》つ書《か》きましょう。

ご飯《はん》が炭化《たんか》した

くにゃりととけてしまった

八時十五分《はちじじゅうごふん》で止《と》まった

焼《や》けただれた

石段《いしだん》に残《のこ》る

たずねびと (4)

名前

●次《つぎ》の文章《ぶんしょう》を二回《にかい》読《よ》んで、答《こた》えましょう。

展示《てんじ》の説明板《せつめいばん》には
㋐「この年《とし》の終《お》わりまでには
約十四万人《やくじゅうよんまんにん》の人《ひと》がなくなり
ました」とあった。
八月六日《はちがつむいか》の朝《あさ》、㋑被爆《ひばく》して
すぐになくなった人《ひと》
だけではない。
なんとか生《い》きのびた人《ひと》も、
被爆《ひばく》まもない市《し》に入《はい》って
残留放射線《ざんりゅうほうしゃせん》を浴《あ》びた人《ひと》も、
核物質《かくぶっしつ》をふくんだ
黒《くろ》い雨《あめ》に打《う》たれた人《ひと》も、
次々《つぎつぎ》に
なくなってしまったのだと。

（令和二年度版　光村図書　国語　五　銀河　朽木《くつき》　祥《しょう》）

(1) 何月何日《なんがつなんにち》から㋐この年《とし》の終《お》わりまでに、約十四万人《やくじゅうよんまんにん》の人《ひと》がなくなったのですか。

（　　　　）から
この年《とし》の終《お》わりまで。

(2) ㋑被爆《ひばく》してすぐになくなった人《ひと》だけではなく、どんな人《ひと》がなくなりましたか。二《ふた》つ書《か》きましょう。
※習《なら》っていない漢字《かんじ》はひらがなで書《か》きましょう。

① 被爆《ひばく》まもない市《し》に入《はい》って
（　　　　）
を浴《あ》びた人《ひと》。

② （　　　　）をふくんだ
（　　　　）に
打《う》たれた人《ひと》。

たずねびと (5)

名前

● 次《つぎ》の文章《ぶんしょう》を二回《にかい》読《よ》んで、答《こた》えましょう。

広島《ひろしま》で原子爆弾《げんしばくだん》が爆発《ばくはつ》してからこの年《とし》の終《お》わりまでには、約十四万人《やくじゅうよんまんにん》の人《ひと》がなくなりました。

1

登場人物《とうじょうじんぶつ》 綾《あや》・お兄《にい》ちゃん

「十四万人《じゅうよんまんにん》なんて、想像《そうぞう》できないよ。」

あ「――綾《あや》の小学校《しょうがっこう》って、今《いま》、全校《ぜんこう》で何人《なんにん》だっけ。」

い「一学年《いちがくねん》が百人《ひゃくにん》ちょっとだから、七百人《ななひゃくにん》もいないかなあ。」

う「じゃ、ア その何倍《なんばい》くらいか考《かんが》えてみたら。どんなに大勢《おおぜい》か、分《わ》かるだろ。」

2

わたしは、朝礼《ちょうれい》のときの校庭《こうてい》を思《おも》いうかべた。ずらっとならんだ頭《あたま》、頭《あたま》、頭《あたま》。

――十四万人《じゅうよんまんにん》って、校庭《こうてい》の頭《あたま》の数《かず》の二百倍《にひゃくばい》だ。小学校二百校分《しょうがっこうにひゃくこうぶん》ってこと。イ そんなにたくさんの人《ひと》が、たった一発《いっぱつ》の爆弾《ばくだん》のせいで、この世《よ》からいなくなってしまったなんて。

（令和二年度版　光村図書　国語　五　銀河　朽木《くつき》　祥《しょう》）

1

(1) あいうの言葉《ことば》はそれぞれ、だれが言《い》った言葉《ことば》ですか。

あ（　　　）

い（　　　）

う（　　　）

(2) ア その は、何《なに》をさしていますか。○をつけましょう。

（　）七百人《ななひゃくにん》

（　）百人《ひゃくにん》

2

(1) 綾《あや》は朝礼《ちょうれい》の時《とき》の校庭《こうてい》の、どんな様子《ようす》を思《おも》いうかべましたか。

ずらっとならんだ　□、□、□。

(2) イ そんなにたくさんの人《ひと》が、一発《いっぱつ》の爆弾《ばくだん》のせいで、どこからいなくなってしまいましたか。

□□□

たずねびと (6)

名前

● 次《つぎ》の文章《ぶんしょう》を二回《にかい》読《よ》んで、答《こた》えましょう。

登場人物《とうじょうじんぶつ》　綾《あや》・お兄《にい》ちゃん

1

㋐うちのめされるような気持《きも》ちのまま、資料館《しりょうかん》を出《で》た。お兄《にい》ちゃんはパンフレットをにらんでいたが、
「個人《こじん》を㋑検索《けんさく》できる祈念館《きねんかん》があるみたいだ。」と声《こえ》をはげまして言《い》った。

※声《こえ》をはげます…自分《じぶん》の気持《きも》ちをふるいたたせて、大《おお》きな声《こえ》を出《だ》すこと。

2

「㋒身元《みもと》が分《わ》かっている人《ひと》を整理《せいり》してあるんだろうけど、いちおう、行《い》ってみようか。」
スロープを下《お》りて入《はい》っていくと、追悼平和祈念館《ついとうへいわきねんかん》は、ひっそりと静《しず》かだった。

※追悼《ついとう》…死《し》んだ人《ひと》のおもかげをしのび、その死《し》をなげき悲《かな》しむこと。

（令和二年度版　光村図書　国語　五　銀河　朽木《くつき》　祥《しょう》）

1

(1) ㋐うちのめされるような気持《きも》ちとは、どのような気持《きも》ちですか。○をつけましょう。

（　）楽《たの》しくて元気《げんき》な気持《きも》ち。

（　）立《た》ち上《あ》がれないほどがっかりした気持《きも》ち。

(2) ㋑検索《けんさく》の意味《いみ》に○をつけましょう。

（　）辞典《じてん》、資料《しりょう》、インターネットなどで調《しら》べて探《さが》すこと。

（　）祈念館《きねんかん》の中《なか》で、目印《めじるし》をさがしてまわること。

2

(1) ㋒身元《みもと》が分《わ》かっている人《ひと》とは、どんな人《ひと》のことですか。一《ひと》つに○をつけましょう。

（　）住所《じゅうしょ》や家族《かぞく》のことが分《わ》かっている人《ひと》。

（　）名前《なまえ》しか分《わ》からない人《ひと》。

(2) 追悼平和祈念館《ついとうへいわきねんかん》は、どんな様子《ようす》でしたか。

［　　　　］と［　　　　］だった。

たずねびと (7)

名前

● 次《つぎ》の文章《ぶんしょう》を二回《にかい》読《よ》んで、答《こた》えましょう。

1

原爆《げんばく》でなくなった人《ひと》たちの
㋐情報検索《じょうほうけんさく》ができる部屋《へや》に行《い》くと、
大《おお》きなかべにモニターがいくつも
あって、㋑刻々《こっこく》と変《か》わっていく
画面《がめん》にはたくさんの人々《ひとびと》が現《あらわ》れ、
たくさんの子《こ》どもたちも
うつし出《だ》された。わたしくらいの子。
わたしより小《ちい》さな子《こ》。
おさない子《こ》どもたち。赤《あか》ちゃんまで。

2

登場人物《とうじょうじんぶつ》　わたし（綾《あや》）・お兄《にい》ちゃん

生真面目《きまじめ》な顔《かお》、
すました顔《かお》。
こちらに向《む》けられた
はずかしそうな目《め》。
たいていの子《こ》どもたちが、
かしこまって写《うつ》っている。
なかに一《いち》まい、口元《くちもと》だけ今《いま》にも
笑《わら》いだしそうな子《こ》がいた。どんな
おもしろいことをがまんして
いたのだろう。わたしはつかのま、
㋒その子《こ》と見《み》つめ合《あ》ったが、画面《がめん》は
すぐに切《き》りかわってしまった。
とぎれなく現《あらわ》れ続《つづ》ける顔《かお》を
ずうっと見《み》つめていたら、
気《き》が遠《とお》くなりそうだった。でも、
どうしても目《め》がはなせなかった。

（令和二年度版　光村図書　国語　五　銀河　朽木《くつき》　祥《しょう》）

1

(1) どんな人《ひと》の㋐情報検索《じょうほうけんさく》ができる部屋《へや》ですか。
※習《なら》っていない漢字《かんじ》はひらがなで書《か》きましょう。

［　　　　］でなくなった人《ひと》たち

(2) ㋑刻々《こっこく》と変《か》わっていく画面《がめん》とは、どんなことを表《あらわ》していますか。
○をつけましょう。

（　）時間《じかん》が少《すこ》したつごとに、画面《がめん》に現《あらわ》れるものが変《か》わること。
（　）モニターが次々《つぎつぎ》と別《べつ》の新《あたら》しいものに取《と》りかえること。

2

(1) ㋒その子《こ》とは、どんな子《こ》ですか。

口元《くちもと》だけ今《いま》にも［　　　　］な子《こ》

(2) わたし（綾《あや》）は、㋒その子《こ》と見《み》つめ合《あ》ったとき、どんなことを考《かんが》えましたか。

どんな［　　　　］ことを［　　　　］して
いたのだろうと、考《かんが》えた。

たずねびと (8)

名前

● 次《つぎ》の文章《ぶんしょう》を二回《にかい》読《よ》んで、答《こた》えましょう。

原爆《げんばく》で亡《な》くなった人《ひと》たちの情報《じょうほう》検索ができる部屋《へや》では、モニターにたくさんのなくなった人々《ひとびと》がうつし出《だ》されていた。

登場人物《とうじょうじんぶつ》 綾《あや》・お兄《にい》ちゃん

情報検索用《じょうほうけんさくよう》のパソコンをいじっていたお兄《にい》ちゃんが席《せき》を立《た》って、わたしの横《よこ》にやって来《き》た。お兄《にい》ちゃんもモニターを見《み》つめた。

「この画像《がぞう》や、ここの情報《じょうほう》って、㋐遺族《いぞく》から提供《ていきょう》されたんだね。」

㋑この人《ひと》たちには、この人《ひと》たちのことを覚《おぼ》えているだれかがいたのだ。

（令和二年度版　光村図書　国語　五　銀河　朽木《くつき》　祥《しょう》）

(1) わたしの横《よこ》にやって来《き》たお兄《にい》ちゃんは、何《なに》を見《み》つめましたか。

［　　　　　　　　　　］

(2) ㋐遺族《いぞく》から提供《ていきょう》されたと、同《おな》じ意味《いみ》を表《あらわ》す文《ぶん》に○をつけましょう。

（　）祈念館《きねんかん》の人《ひと》が市内《しない》で、見《み》つけてきた。

（　）なくなった人《ひと》の残《のこ》された家族《かぞく》や親類《しんるい》から、貸《か》し出《だ》されたりあたえられたりした。

(3) ㋑この人《ひと》たちとはどんな人《ひと》たちのことですか。○をつけましょう。

（　）モニターにうつっている、なくなった人《ひと》たち。

（　）モニターにうつっている、生《い》き残《のこ》った人《ひと》たち。

だいじょうぶ　だいじょうぶ　(1)

名前

● 次《つぎ》のあらすじと文章《ぶんしょう》を二回《にかい》読《よ》んで、答《こた》えましょう。

ぼくが今《いま》より赤《あか》ちゃんに近《ちか》く、おじいちゃんが今《いま》より元気《げんき》だったころ、ぼくとおじいちゃんは毎日《まいにち》のように散歩《さんぽ》を楽《たの》しんでいました。すると、ぼくの周《まわ》りは新《あたら》しい発見《はっけん》や楽《たの》しい出会《であ》いが増《ふ》えました。その分《ぶん》、こまったことやこわいことにも出会《であ》いましたが、そのたびにおじいちゃんはぼくの手《て》をにぎり、おまじないのようにつぶやきました。
「だいじょうぶ、だいじょうぶ。」

1

「だいじょうぶ、だいじょうぶ。」
㋐それは、
無理《むり》してみんなと
仲良《なかよ》くしなくても
いいんだってことでした。

2

「㋑だいじょうぶ、だいじょうぶ。」
それは、
わざとぶつかってくるような
車《くるま》も飛行機《ひこうき》も、
めったにないってことでした。

（令和二年度版　東京書籍　新しい国語　五　いとう　ひろし）

1

(1) ㋐それが指《さ》す言葉《ことば》を書《か》きましょう。

［　　　　　　］、［　　　　　　］。

(2) 1の文章《ぶんしょう》では、どんなことがだいじょうぶだと書《か》いてありますか。

［　　］してみんなと［　　　］しなくても
いいんだってこと。

2

(1) ㋑だいじょうぶ、だいじょうぶとありますが、どんなことがだいじょうぶなのですか。

わざと［　　　　　　］ような
［　　］も［　　　］も
［　　　　　　］ってこと。

だいじょうぶ　だいじょうぶ (2)

名前

● 次《つぎ》の文章《ぶんしょう》を二回《にかい》読《よ》んで、答《こた》えましょう。

「㋐だいじょうぶ、だいじょうぶ。」

それは、
たいていの病気《びょうき》やけがは、
いつか治《なお》るもんだって
ことでした。

それは、
言葉《ことば》が分《わ》からなくても、
心《こころ》が通《つう》じることもあるって
ことでした。

それは、この世《よ》の中《なか》、
そんなに悪《わる》いことばかりじゃ
ないってことでした。

（令和二年度版　東京書籍　新しい国語　五　いとう　ひろし）

(1) ㋐どんなことがだいじょうぶと書《か》かれていますか。三《みっ》つに○をつけましょう。

（　）たいていの病気《びょうき》やけがはいつか治《なお》るということ。

（　）どんな人《ひと》とも仲良《なかよ》くしなくてはいけないということ。

（　）言葉《ことば》が分《わ》からなくても、心《こころ》が通《つう》じることもあるということ。

（　）わざとぶつかってくる車《くるま》に気《き》をつけないといけないということ。

（　）この世《よ》の中《なか》、そんなに悪《わる》いことばかりじゃないということ。

だいじょうぶ　だいじょうぶ　(3)

名前

● 次《つぎ》の文章《ぶんしょう》を二回《にかい》読《よ》んで、答《こた》えましょう。

1

「だいじょうぶ、だいじょうぶ。」
ぼくとおじいちゃんは、
何度《なんど》㋐その言葉《ことば》を
くり返《かえ》したことでしょう。

2

けんちゃんともくみちゃんとも、
㋑いつのまにか仲良《なかよ》くなりました。
犬《いぬ》に食《た》べられたりも
しませんでした。

（令和二年度版　東京書籍　新しい国語　五　いとう　ひろし）

1 ㋐その言葉《ことば》について答《こた》えましょう。

(1) ㋐その言葉《ことば》とは、何《なん》ですか。

［　　　　　　、　　　　　　。］

(2) 何度《なんど》㋐その言葉《ことば》をくり返《かえ》したことでしょう。と同《おな》じ意味《いみ》を表《あらわ》す文《ぶん》に○をつけましょう。

（　）おじいちゃんといっしょに何度《なんど》も何度《なんど》も、数《かぞ》えられないぐらいたくさんくり返《かえ》した。

（　）おじいちゃんといっしょに三回《さんかい》くりかえした。

2 ㋑いつのまにかと同《おな》じことを表《あらわ》す文《ぶん》に○をつけましょう。

（　）けんちゃんとくみちゃんにはじめて会《あ》った日《ひ》。

（　）知《し》らないうちに、気《き》づいたら。

だいじょうぶ　だいじょうぶ　(4)

名前

● 次《つぎ》の文章《ぶんしょう》を二回読《にかいよ》んで、答《こた》えましょう。

何度《なんど》も転《ころ》んでけがもしたし、
何度《なんど》も病気《びょうき》になりました。
でもそのたびに、
㋐すっかりよくなりました。
車《くるま》にひかれることもなかったし、
頭《あたま》に飛行機《ひこうき》が落《お》ちてくることも
㋑ありませんでした。
むずかしい本《ほん》も、
いつか読《よ》めるようになると
思《おも》います。
もっともっと、たくさんの人《ひと》や
動物《どうぶつ》や草《くさ》や木《き》に出会《であ》えると
思《おも》います。

（令和二年度版　東京書籍　新しい国語　五　いとう　ひろし）

(1) どんなことが、㋐すっかりよくなりましたか。二《ふた》つ書《か》きましょう。

何度《なんど》も転《ころ》んで［　　］をしたこと。

何度《なんど》も［　　］になったこと。

(2) どんなことが、㋑ありませんでしたか。文中《ぶんちゅう》から二《ふた》つ書《か》きましょう。

［　］に［　　　　］こと。

［　］に［　　　］が［　　　］くること。

(3) これから、どんなことができたり、何《なに》に出会《であ》えると思《おも》うと書《か》かれていますか。二《ふた》つに○をつけましょう。

(　)むずかしい本《ほん》も、読《よ》めるようになる。

(　)車《くるま》にひかれたり、飛行機《ひこうき》が落《お》ちてくる場面《ばめん》に出会《であ》える。

(　)たくさんの人《ひと》や動物《どうぶつ》や草《くさ》や木《き》に出会《であ》える。

だいじょうぶ　だいじょうぶ　(5)

名前

● 次《つぎ》の文章《ぶんしょう》を二回《にかい》読《よ》んで、答《こた》えましょう。

1

ぼくは、ずいぶん
大《おお》きくなりました。
おじいちゃんは、ずいぶん
年《とし》を取《と》りました。

2

だから㋐今度《こんど》はぼくの番《ばん》です。
おじいちゃんの手《て》をにぎり、
何度《なんど》でも何度《なんど》でも
くり返《かえ》します。
「だいじょうぶ、だいじょうぶ。」
だいじょうぶだよ、
おじいちゃん。

（令和二年度版　東京書籍　新しい国語　五　いとう　ひろし）

1

(1) ぼくは、ずいぶんどうなったと書《か》いてありますか。

ぼくは、ずいぶん［　　　］なりました。

(2) おじいちゃんは、ずいぶんどうなったと書《か》いてありますか。

おじいちゃんは、ずいぶん［　　　］を［　　　］ました。

2

(1) ㋐今度《こんど》はぼくの番《ばん》ですについて、答《こた》えましょう。

① ぼくが、だれの手《て》をにぎるのですか。

［　　　　　　］

② ぼくは何度《なんど》でもくり返《かえ》し、おじいちゃんに、何《なん》と言《い》ってあげるのですか。

［　　　　　　］

紙風船《かみふうせん》

名前

● 次《つぎ》の詩《し》を二回読《にかいよ》んで、答《こた》えましょう。

紙風船《かみふうせん》

黒田《くろだ》　三郎《さぶろう》

落《お》ちて来《き》たら
今度《こんど》は
もっと高《たか》く
もっともっと高《たか》く
何度《なんど》でも
打《う》ち上《あ》げよう
美《うつく》しい
願《ねが》いごとのように

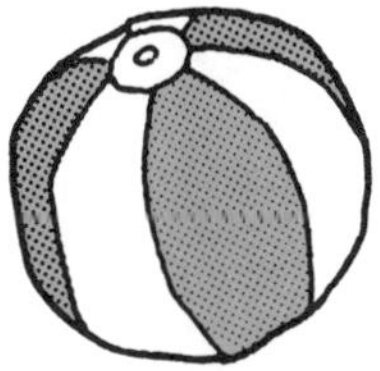

（令和二年度版　東京書籍　新しい国語　五　黒田　三郎）

(1) この詩《し》は、何連《なんれん》でできていますか。

［　］連《れん》

(2) 落《お》ちて来《き》たら　何《なに》を、何度《なんど》でも打《う》ち上《あ》げるのですか。

［　　　］

(3) どのように、何度《なんど》でも、打《う》ち上《あ》げるのですか。

もっと［　　］
もっともっと［　　］

(4) 紙風船《かみふうせん》を、何《なに》にたとえていますか。文中《ぶんちゅう》から書《か》き出《だ》しましょう。

［　　　］の［　　　　］ように。

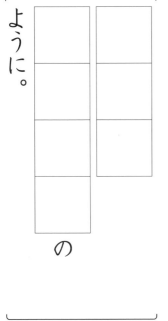

水《みず》のこころ

名前

● 次《つぎ》の詩《し》を二回《にかい》読《よ》んで、答《こた》えましょう。

水《みず》のこころ

高田《たかだ》 敏子《としこ》

1
水《みず》は　つかめません
水《みず》は　すくうのです
指《ゆび》をぴったりつけて
そおっと　大切《たいせつ》に――

2
水《みず》は　つかめません
水《みず》は　つつむのです
二《ふた》つの手《て》の中《なか》に
そおっと　大切《たいせつ》に――

3
水《みず》のこころ　も
人《ひと》のこころ　も

（令和二年度版　東京書籍　新しい国語　五　高田　敏子）

(1) この詩《し》は、何連《なんれん》でできていますか。

［　　］連《れん》

(2) 一連目《いちれんめ》と二連目《にれんめ》の最初《さいしょ》と最後《さいご》の一行《いちぎょう》は同《おな》じ言葉《ことば》が書《か》いてあります。何《なん》と書《か》いてありますか。

① 最初《さいしょ》

② 最後《さいご》 ――

(3) 一連目《いちれんめ》と二連目《にれんめ》で、水《みず》はどうすると書《か》いてありますか。

① 一連目《いちれんめ》
水《みず》は［　　］のです

② 二連目《にれんめ》
水《みず》は［　　］のです

注文《ちゅうもん》の多《おお》い料理店《りょうりてん》 (1)

名前

● 次《つぎ》のあらすじと文章《ぶんしょう》を二回《にかい》読《よ》んで、答《こた》えましょう。

二人《ふたり》のわかいしんしが山《やま》おくへかりにやってきた。しかし、一《いっ》ぴきもえものに会《あ》えず、道《みち》に迷《まよ》った上《うえ》に風《かぜ》も強《つよ》くなり、おなかもすいてきたのでこまっていると、「西洋料理店《せいようりょうりてん》　山猫軒《やまねこけん》」という一《いっ》けんのりっぱなうちを見《み》つけたので、二人《ふたり》は何《なに》か食事《しょくじ》をしようと入《はい》っていった。そのうちのろう下《か》にはたくさんの戸《と》があり、戸《と》を開《あ》けるたびに、いろいろなことが書《か》いてあった。

1

それから大急《おおいそ》ぎで戸《と》を開《あ》けますと、㋐そのうら側《がわ》には、

【クリームをよくぬりましたか、耳《みみ》にも㋑よくぬりましたか。】

と書《か》いてあって、小《ちい》さなクリームのつぼがここにも置《お》いてありました。

2

登場人物《とうじょうじんぶつ》　二人《ふたり》のしんし

「そうそう、ぼくは耳《みみ》にはぬらなかった。あぶなく㋒耳《みみ》にひびを切《き》らすとこだった。ここの主人《しゅじん》は実《じつ》に用意周《よういしゅう》とうだね。」

「ああ、細《こま》かいところまでよく気《き》がつくよ。ところで、ぼくは早《はや》く何《なに》か食《た》べたいんだが、どうも、こう、どこまでもろう下《か》じゃしかたないね。」

すると、すぐその前《まえ》に次《つぎ》の戸《と》がありました。

※用意周《よういしゅう》とう…用意《ようい》が十分《じゅうぶん》であること

（令和二年度版　東京書籍　新しい国語　五　宮沢《みやざわ》　賢治《けんじ》）

1

(1) ㋐そのは、何《なに》を指《さ》していますか。○をつけましょう。

（　）クリームのつぼ。

（　）大急《おおいそ》ぎで開《あ》けた戸《と》。

(2) ㋑クリームを、どこにもよくぬりましたか。と書《か》いてありましたか。

2

(1) ㋒耳《みみ》にひびを切《き》らすとは、どんな様子《ようす》のことですか。○をつけましょう。

（　）耳《みみ》にたっぷりクリームをぬること。

（　）寒《さむ》さなどのために耳《みみ》のひふがかわいて、細《こま》かいわれ目《め》ができること。

注文《ちゅうもん》の多《おお》い料理店《りょうりてん》 (2)

名前

● 次《つぎ》の文章《ぶんしょう》を二回《にかい》読《よ》んで、答《こた》えましょう。

1

【料理《りょうり》はもうすぐできます。
㋐十五分《じゅうごふん》とお待《ま》たせは
いたしません。すぐ
食《た》べられます。早《はや》く
あなたの頭《あたま》にびんの中《なか》の
こう水《すい》をよくふりかけて
ください。】
そして㋑戸《と》の前《まえ》には、
金《きん》ぴかのこう水《すい》のびんが
置《お》いてありました。

2

登場人物《とうじょうじんぶつ》　二人《ふたり》のしんし

二人《ふたり》はそのこう水《すい》を、頭《あたま》へ
パチャパチャふりかけました。
ところが、そのこう水《すい》は、
どうもすのような
においがするのでした。
「このこう水《すい》は変《へん》に
すくさい。どうしたんだろう。」
㋒「まちがえたんだ。下女《げじょ》が
かぜでもひいてまちがえて
入《い》れたんだ。」

（令和二年度版　東京書籍　新しい国語　五　宮沢《みやざわ》　賢治《けんじ》）

1

(1) ㋐十五分《じゅうごふん》とお待《ま》たせはいたしません と、同《おな》じことを表《あらわ》す文《ぶん》に○をつけましょう。

(　)待《ま》つ時間《じかん》は、十五分《じゅうごふん》より長《なが》い。

(　)待《ま》つ時間《じかん》は、十五分《じゅうごふん》より短《みじか》い。

(2) ㋑戸《と》の前《まえ》には、何《なに》が置《お》いてありましたか。

[　　]の[　　]の[　　]。

2

(1) 二人《ふたり》はこう水《すい》を、どこにふりかけましたか。

[　　]

(2) ㋒まちがえたとありますが、どのようにまちがえてびんに入《い》れたのですか。○をつけましょう。

(　)すではなく、こう水《すい》を入《い》れた。

(　)こう水《すい》ではなく、すを入《い》れた。

注文《ちゅうもん》の多《おお》い料理店《りょうりてん》 (3)

名前

● 次《つぎ》の文章《ぶんしょう》を二回《にかい》読《よ》んで、答《こた》えましょう。

1

登場人物《とうじょうじんぶつ》 二人《ふたり》のしんし

二人《ふたり》は戸《と》を開《あ》けて中《なか》に入《はい》りました。

戸《と》のうら側《がわ》には、㋐大《おお》きな字《じ》でこう書《か》いてありました。

【いろいろ注文《ちゅうもん》が多《おお》くて㋑うるさかったでしょう。お気《き》の毒《どく》でした。もうこれだけです。どうか、体中《からだじゅう》に、つぼの中《なか》の塩《しお》をたくさんよくもみこんでください。】

2

なるほどりっぱな青《あお》い瀬戸《せと》の塩《しお》つぼは㋒置《お》いてありましたが、今度《こんど》という今度《こんど》は、二人《ふたり》ともぎょっとして、おたがいにクリームをたくさんぬった㋓顔《かお》を見合《みあ》わせました。

※塩《しお》をもみこむ…塩《しお》をもんで食材《しょくざい》の中《なか》に入《い》れ込《こ》む。料理《りょうり》の下《した》ごしらえの方法《ほうほう》の一《ひと》つ。

※塩《しお》つぼ…塩《しお》を入《い》れるつぼ

（令和二年度版 東京書籍 新しい国語 五 宮沢《みやざわ》 賢治《けんじ》）

1

(1) ㋐大《おお》きな字《じ》はどこに書《か》いてありましたか。

［　　］のうら側《がわ》。

(2) 大《おお》きな字《じ》で何《なに》が多《おお》くて、㋑うるさかったでしょう。と書《か》いてありましたか。

［　　］

2

(1) りっぱな何《なに》が、㋒置《お》いてありましたか。

りっぱな［　　］い 瀬戸《せと》の［　　］つぼ

(2) 二人《ふたり》は、どんな気持《きも》ちで㋓顔《かお》を見合《みあ》わせましたか。気持《きも》ちがわかる言葉《ことば》を文中《ぶんちゅう》から見《み》つけて書《か》きましょう。

二人《ふたり》とも［　　　　］して

注文《ちゅうもん》の多《おお》い料理店《りょうりてん》 (4)

名前

● 次《つぎ》の文章《ぶんしょう》を二回《にかい》読《よ》んで、答《こた》えましょう。

登場人物《とうじょうじんぶつ》　二人《ふたり》のしんし

「どうもおかしいぜ。」
「ぼくもおかしいと思《おも》う。」
「たくさんの注文《ちゅうもん》というのは、
㋐向《む》こうがこっちへ
注文《ちゅうもん》してるんだよ。」
「だからさ、西洋料理店《せいようりょうりてん》と
いうのは、㋑ぼくの考《かんが》える
ところでは、西洋料理《せいようりょうり》を、
来《き》た人《ひと》に食《た》べさせるのでは
なくて、来《き》た人《ひと》を西洋料理《せいようりょうり》に
して、食《た》べてやるうちと、
こういうことなんだ。これは、
その、つ、つ、つ、つまり、
ぼ、ぼ、ぼくらが㋒……。」
がたがたがたがたふるえだして、
もうものが言《い》えませんでした。
「その、ぼ、ぼくらが、
……うわあ。」
がたがたがたがたふるえだして、
もうものが言《い》えませんでした。
「にげ……。」
がたがたしながら、
一人《ひとり》のしんしは後《うし》ろの戸《と》を
おそうとしましたが、どうです、
戸《と》はもう一分《いちぶ》も動《うご》きませんでした。

（令和二年度版　東京書籍　新しい国語　五　宮沢《みやざわ》　賢治《けんじ》）

(1) ㋐向《む》こうがこっちへ注文《ちゅうもん》しての意味《いみ》を表《あらわ》す文《ぶん》に○をつけましょう。〰〰の言葉《ことば》に注意《ちゅうい》しましょう。
（　）二人《ふたり》のしんしが、西洋料理店《せいようりょうりてん》へ注文《ちゅうもん》する。
（　）西洋料理店《せいようりょうりてん》が、二人のしんしへ注文《ちゅうもん》する。
(2) ㋑ぼくの考《かんが》えるところと同《おな》じになるように、○と×を一《ひと》つずつつけましょう。

（　）西洋料理店《せいようりょうりてん》というのは、西洋料理《せいようりょうり》を、来《き》た人《ひと》に食《た》べさせてくれるうち。

（　）西洋料理店《せいようりょうりてん》というのは、来《き》た人《ひと》を、西洋料理《せいようりょうり》にして食《た》べてしまううち。

(3) ㋒……。には、どんな言葉《ことば》が入《はい》りますか。○をつけましょう。

（　）西洋料理《せいようりょうり》をつくるのだ。

（　）西洋料理《せいようりょうり》にされて、食《た》べられてしまうのだ。

注文《ちゅうもん》の多《おお》い料理店《りょうりてん》 (5)

名前

● 次《つぎ》の文章《ぶんしょう》を二回《にかい》読《よ》んで、答《こた》えましょう。

登場人物《とうじょうじんぶつ》　二人《ふたり》のしんし

1

おくの方《ほう》にはまだ一枚《いちまい》戸《と》があって、大《おお》きなかぎあなが二《ふた》つ付《つ》き、銀色《ぎんいろ》のホークとナイフの形《かたち》が切《き》り出《だ》してあって、

【いや、わざわざ
ご苦労《くろう》です。たいへん
けっこうにできました。
さあさあ、㋐おなかに
お入《はい》りください。】

と書《か》いてありました。

※ホーク…フォークのこと

2

おまけに、かぎあなからは、きょろきょろ二《ふた》つの青《あお》い目玉《めだま》がこっちをのぞいています。

「うわぁ。」がたがたがたがた。

「うわぁ。」がたがたがたがた。

二人《ふたり》は泣《な》きだしました。

（令和二年度版　東京書籍　新しい国語　五　宮沢《みやざわ》　賢治《けんじ》）

1

(1) おくの方《ほう》の一枚《いちまい》の戸《と》は、どんな戸《と》ですか。二《ふた》つに○をつけましょう。

（　）戸《と》には、銀色《ぎんいろ》のホークとナイフの形《かたち》が切《き》り出《だ》してある。

（　）戸《と》には、文字《もじ》もかざりも、何《なに》も付《つ》いていない。

（　）戸《と》には、大《おお》きなかぎあなが二《ふた》つ付《つ》いている。

(2) ㋐おなかにお入《はい》りくださいの意味《いみ》を表《あらわ》す文《ぶん》に、○をつけましょう。

（　）戸《と》の中《なか》に入《はい》ってきてください。

（　）わたしのおなかの中《なか》に入《はい》ってください。

2

(1) 次《つぎ》の様子《ようす》はだれの様子《ようす》ですか。上《うえ》と下《した》を線《せん》で結《むす》びましょう。

① 二《ふた》つの青《あお》い目玉《めだま》でこちらをのぞいています。	・　・	二人《ふたり》のしんし。
② 「うわぁ。」がたがたがたがた。	・　・	料理店《りょうりてん》の人《ひと》。

注文《ちゅうもん》の多《おお》い料理《りょうり》店《てん》　(6)

名前

● 次《つぎ》の文章《ぶんしょう》を二回《にかい》読《よ》んで、答《こた》えましょう。

登場人物《とうじょうじんぶつ》　料《りょう》理《り》店《てん》の人《ひと》

すると、戸《と》の中《なか》では、㋐こそこそこんなことを言《い》っています。

あ「だめだよ。もう気《き》がついたよ。塩《しお》をもみこまないようだよ。」

い「あたりまえさ。親分《おやぶん》の書《か》きようがまずいんだ。あすこへ、いろいろ注文《ちゅうもん》が多《おお》くてうるさかったでしょう、お気《き》の毒《どく》でしたなんて、㋑まぬけたことを書《か》いたもんだ。」

う「どっちでもいいよ。どうせぼくらには、㋒ほねも分《わ》けてくれやしないんだ。」

え「それはそうだ。けれども、もしここへあいつらが入《はい》ってこなかったら、それはぼくらの責任《せきにん》だぜ。」

※塩《しお》をもみこむ…塩《しお》をもんで食材《しょくざい》の中《なか》に入《い》れ込《こ》む。料理《りょうり》の下《した》ごしらえの方法《ほうほう》の一《ひと》つ。

（令和二年度版　東京書籍　新しい国語　五　宮沢《みやざわ》賢治《けんじ》）

(1) ㋐こそこそどこで言《い》っていますか。

［　　　　］の中《なか》

(2) あいうえの言葉《ことば》は、だれが言《い》った言葉《ことば》ですか。○をつけましょう。

（　）料理店《りょうりてん》の人《ひと》

（　）二人《ふたり》のしんし

(3) ㋑まぬけたとは、どんなことですか。

（　）しっかり考《かんが》えた、正《ただ》しいこと。

（　）うっかりした、ばかげたこと。

(4) ㋒ほねも分《わ》けてくれやしないとは、どういう意味《いみ》ですか、○をつけましょう。

（　）肉《にく》もほねも両方《りょうほう》ともくれる。

（　）肉《にく》もほねも、何《なに》もくれない。

注文《ちゅうもん》の多《おお》い料理店《りょうりてん》 (7)

名前

● 次《つぎ》の文章《ぶんしょう》を二回読《にかいよ》んで、答《こた》えましょう。

登場人物《とうじょうじんぶつ》　料理店《りょうりてん》の人《ひと》

「よぼうか、よぼう。
おい、お客《きゃく》さんがた、
早《はや》くいらっしゃい。
いらっしゃい。いらっしゃい。
お皿《さら》もあらってありますし、
菜《な》っ葉《ぱ》ももうよく塩《しお》で
もんでおきました。あとは、
あなたがたと、菜《な》っ葉《ぱ》を
うまく取《と》り合《あ》わせて、
真《ま》っ白《しろ》なお皿《さら》に
のせるだけです。
早《はや》くいらっしゃい。」
「へい、いらっしゃい、
いらっしゃい。それとも
サラドはおきらい(ア)ですか。
そんならこれから
火《ひ》をおこしてフライに
してあげましょうか。
とにかく早《はや》く
いらっしゃい。」

※サラド…サラダのこと

（令和二年度版　東京書籍　新しい国語　五　宮沢《みやざわ》　賢治《けんじ》）

(1) 上《うえ》の文《ぶん》は、だれが言《い》った文《ぶん》ですか。○をつけましょう。

（　）料理店《りょうりてん》の人《ひと》

（　）二人《ふたり》のしんし

(2) 何《なに》を作《つく》ろうとしていますか。

□□□

(3) サラド（サラダ）がおきらい(ア)なら、何《なに》にしてあげましょうか、と言《い》っていますか。

□□□

(4) だれが、だれを、フライにしてあげるのですか。あとの□から言《こと》葉《ば》を選《えら》んで□に書《か》きましょう。

（　　）が（　　）をフライにしてあげる。

二人《ふたり》のしんし　・　料理店《りょうりてん》の人《ひと》

注文《ちゅうもん》の多《おお》い料理店《りょうりてん》 (8)

名前

● 次《つぎ》の文章《ぶんしょう》を二回《にかい》読《よ》んで、答《こた》えましょう。

1

登場人物《とうじょうじんぶつ》 二人《ふたり》のしんし・料理店《りょうりてん》の人《ひと》

二人《ふたり》はあんまり心《こころ》をいためたために、顔《かお》がまるでくしゃくしゃの㋐紙《かみ》くずのようになり、おたがいにその顔《かお》を見合《みあ》わせ、ぶるぶるふるえ、㋑声《こえ》もなく泣《な》きました。

中《なか》では、フッフッと笑《わら》って、またさけんでいます。

2

「いらっしゃい、いらっしゃい。そんなに泣《な》いては、せっかくのクリームが流《なが》れるじゃありませんか。へい、ただいま。じき持《も》ってまいります。さあ、早《はや》くいらっしゃい。」

「早《はや》くいらっしゃい。㋒親方《おやかた》がもうナフキンをかけて、ナイフを持《も》って、したなめずりして、お客様《きゃくさま》がたを待《ま》っていられます。」

二人《ふたり》は、泣《な》いて泣《な》いて泣《な》いて泣《な》いて泣《な》きました。

(令和二年度版 東京書籍 新しい国語 五 宮沢《みやざわ》賢治《けんじ》)

1

(1) 二人《ふたり》の顔《かお》が㋐紙《かみ》くずのようになったのは、なぜですか。

あんまり ＿＿ を ＿＿ ため。

(2) ㋑声《こえ》もなく泣《な》きましたとは、どのように泣《な》いたのですか。○をつけましょう。

( ) とてもこわいので、みんなに聞《き》こえるように大声《おおごえ》で泣《な》いている。

( ) 声《こえ》も出《だ》せないぐらいこわいので、しずかに泣《な》いている。

2

(1) ㋒親方《おやかた》は、どんな様子《ようす》で待《ま》っていられますか。

＿＿ をかけて、＿＿ を持《も》って、＿＿ して、お客様《きゃくさま》がたを待《ま》っていられます。

注文《ちゅうもん》の多《おお》い料理店《りょうりてん》 (9)

名前

次《つぎ》の文章《ぶんしょう》を二回読《にかいよ》んで、答《こた》えましょう。

登場人物《とうじょうじんぶつ》　白《しろ》くまのような犬《いぬ》　「ニャアオ」という声《こえ》を出《だ》す生《い》き物《もの》

そのとき、後《うし》ろからいきなり、

「ワン、ワン、グヮア。」

という声《こえ》がして、あの白《しろ》くまのような犬《いぬ》が二《に》ひき、戸《と》をつき破《やぶ》って部屋《へや》の中《なか》に㋐飛《と》びこんできました。かぎあなの目玉《めだま》はたちまちなくなり、犬《いぬ》どもはウーと㋑うなってしばらく部屋《へや》の中《なか》をくるくる回《まわ》っていましたが、また一声《ひとこえ》、

「ワン。」

と高《たか》くほえて、いきなり㋒次《つぎ》の戸《と》に飛《と》びつきました。戸《と》はガタリと開《ひら》き、犬《いぬ》どもはすいこまれるように飛《と》んでいきました。

その戸《と》の向《む》こうの真《ま》っ暗《くら》やみの中《なか》で、

「ニャアオ、クヮア、ゴロゴロ。」

という㋓声《こえ》がして、それからガサガサ鳴《な》りました。

（令和二年度版　東京書籍　新しい国語　五　宮沢《みやざわ》　賢治《けんじ》）

(1) 部屋《へや》の中《なか》に㋐飛《と》びこんできたのは、何《なん》ですか。

□□□のような□が□ひき。

(2) 犬《いぬ》どもは㋑しばらく、何《なに》をしていましたか。

□□□□の□□□□を回《まわ》っていました。

(3) ㋒次《つぎ》の戸《と》に飛《と》びついたのはだれですか。

（　）白《しろ》くまのような犬《いぬ》。

（　）「ニャアオ」という声《こえ》を出《だ》す生《い》き物《もの》。

(4) 真《ま》っ暗《くら》やみの中《なか》で、どんな㋓声《こえ》がしましたか。□に書《か》きましょう。

「□□□□、クヮア、ゴロゴロ。」

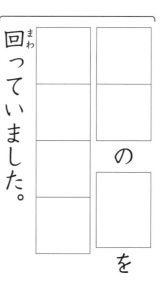

注文《ちゅうもん》の多《おお》い料理店《りょうりてん》 (10)

名前

● 次《つぎ》の文章《ぶんしょう》を二回《にかい》読《よ》んで、答《こた》えましょう。

1 登場人物《とうじょうじんぶつ》 二人《ふたり》のしんし

部屋《へや》はけむりのように消《き》え、二人《ふたり》は寒《さむ》さにぶるぶるふるえて、草《くさ》の中《なか》に㋐立《た》っていました。

見《み》ると、㋑上着《うわぎ》やくつやさいふやネクタイピンは、あっちの枝《えだ》にぶら下《さ》がったり、こっちの根元《ねもと》に散《ち》らばったりしています。

風《かぜ》がどうとふいてきて、草《くさ》はザワザワ、木《こ》の葉《は》はカサカサ、木《き》はゴトンゴトンと鳴《な》りました。

2 登場人物《とうじょうじんぶつ》 二人《ふたり》のしんし・専門《せんもん》のりょう師《し》・犬《いぬ》

犬《いぬ》がフーとうなってもどってきました。

そして後《うし》ろからは、

(あ)「だんなあ、だんなあ。」

とさけぶ者《もの》があります。

二人《ふたり》はにわかに㋒元気《げんき》がついて、

(い)「おうい、おうい、ここだぞ、早《はや》く来《こ》い。」

とさけびました。

※「だんなあ」とさけぶ者《もの》…専門《せんもん》のりょう師《し》
※にわか…急《きゅう》に

(令和二年度版　東京書籍　新しい国語　五　宮沢《みやざわ》　賢治《けんじ》)

1

(1) 二人《ふたり》はどこに㋐立《た》っていましたか。

［　　］の［　　］

(2) ㋑上着《うわぎ》やくつやさいふやネクタイピンは、どうなっていましたか。

あっちの［　　］に［　　　　］たり
こっちの［　　］に［　　　　］たり
しています。

2

(1) (あ)と(い)の言葉《ことば》はそれぞれ、だれが言《い》いましたか。——線《せん》で結《むす》びましょう。

(あ)の言葉《ことば》・　　・二人《ふたり》のしんし
(い)の言葉《ことば》・　　・専門《せんもん》のりょう師《し》

(2) 二人《ふたり》は、なぜ㋒元気《げんき》がついたのですか。○をつけましょう。

（　）風《かぜ》がどうとふいてきたから。

（　）「だんなぁ。」とさけぶ、専門《せんもん》のりょう師《し》の声《こえ》が聞《き》こえたから。

注文《ちゅうもん》の多《おお》い料理《りょうり》店《てん》 (11)

名前

● 次《つぎ》の文章《ぶんしょう》を二回《にかい》読《よ》んで、答《こた》えましょう。

1

みのぼうしをかぶった専門《せんもん》のりょう師《し》が、草《くさ》をザワザワ分《わ》けてやってきました。

㋐そこで二人《ふたり》はやっと安心《あんしん》しました。

そしてりょう師《し》の持《も》ってきただんごを食《た》べ、㋑とちゅうで十円《じゅうえん》だけ山鳥《やまどり》を買《か》って東京《とうきょう》に帰《かえ》りました。

2

しかし、さっきいっぺん紙《かみ》くずのようになった㋒二人《ふたり》の顔《かお》だけは、東京《とうきょう》に帰《かえ》っても、お湯《ゆ》に入《はい》っても、もう元《もと》のとおりになおりませんでした。

※みのぼうし…かや・すげ・わらなどの植物《しょくぶつ》を編《あ》んで作《つく》った、雪《ゆき》よけのフード付《つ》きコートのような物《もの》

※専門のりょう師…鳥《とり》やけものを取《と》ることを仕事《しごと》にしている人《ひと》。また、その山《やま》にくわしいりょう師《し》のこと。

（令和二年度版　東京書籍　新しい国語　五　宮沢《みやざわ》　賢治《けんじ》）

1

(1) 専門《せんもん》のりょう師《し》がやってきて、㋐そこで二人《ふたり》は、どんな気持《きも》ちになりましたか。

やっと□□しました。

(2) ㋑とちゅうで、何《なに》を買《か》って東京《とうきょう》に帰《かえ》りましたか。

十円《じゅうえん》だけ□□を買《か》って東京《とうきょう》に帰《かえ》りました。

2

(1) さっきいっぺん㋒二人《ふたり》の顔《かお》は、どのようになったのですか。

□□□のようになった。

(2) 東京《とうきょう》に帰《かえ》っても、お湯《ゆ》に入《はい》っても、㋒二人《ふたり》の顔《かお》はどうなりましたか。

元《もと》のとおりに□□□□□□でした。

水平線《すいへいせん》

名前

● 次《つぎ》の詩《し》を二回《にかい》読《よ》んで、答《こた》えましょう。

水平線《すいへいせん》

小泉《こいずみ》　周二《しゅうじ》

水平線《すいへいせん》がある
一直線《いっちょくせん》にある
ゆれているはずなのに
一直線《いっちょくせん》にある

水平線《すいへいせん》がある
はっきりとある
空《そら》とはちがうぞと
はっきりとある

水平線《すいへいせん》がある
どこまでもある
ほんとうの強《つよ》さみたいに
どこまでもある

（令和二年度版　教育出版　ひろがる言葉　小学国語　五上　小泉　周二）

(1) この詩《し》は、いくつの連《れん》でできていますか。

［　　］連《れん》

(2) この詩《し》のそれぞれの連《れん》のはじめに書《か》かれている言葉《ことば》を書《か》きましょう。

［　　　　　　］

(3) この詩《し》の中《なか》の水平線《すいへいせん》と同《おな》じことを表《あらわ》す文《ぶん》に○をつけましょう。

（　）海《うみ》の上《うえ》で、空《そら》と海《うみ》のさかいとして見《み》える線《せん》。

（　）紙《かみ》に書《か》かれた、真《ま》っすぐなたて線《せん》。

(4) それぞれの連《れん》で水平線《すいへいせん》の様子《ようす》を、どのような言葉《ことば》でしめくくっていますか。

① 第一連《だいいちれん》

［　　　］にある。

② 第二連《だいにれん》

［　　　　］とある。

③ 第三連《だいさんれん》

［　　　　　］ある。

うぐいす

名前

● 次《つぎ》の詩《し》を二回《にかい》読《よ》んで、答《こた》えましょう。

うぐいす

武鹿《ぶしか》　悦子《えつこ》

うぐいすの　こえ
すきとおる
はるのつめたさ
におわせて

うぐいすの　こえ
すきとおる
うちゅうが　一《いっ》しゅん
しん、とする

（令和二年度版　教育出版　ひろがる言葉　小学国語　五上　武鹿　悦子）

(1) この詩《し》は、いくつの連《れん》でできていますか。

［　　］連《れん》

(2) それぞれの連《れん》は、同《おな》じ二行《にぎょう》の文《ぶん》で始《はじ》まっています。その文《ぶん》を書《か》きましょう。

(3) 季節《きせつ》は、いつごろだと思《おも》いますか。一《ひと》つに○をつけましょう。

（　）冬《ふゆ》のはじめ
（　）春《はる》のはじめ
（　）夏《なつ》のはじめ

漢字《かんじ》の成《な》り立《た》ち (1)

名前

漢字《かんじ》の成《な》り立《た》ちには、次《つぎ》の四《よっ》つのものがあります。

(1) それぞれの成《な》り立《た》ちにあてはまる漢字《かんじ》を□に書《か》きましょう。

① 物《もの》の形《かたち》をかたどったもの。**(象形文字《しょうけいもじ》)**

・ → 目

・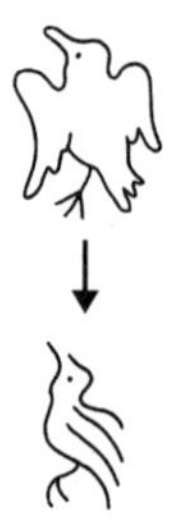 → 鳥

② 事《こと》がらを印《しるし》などで示《しめ》したもの。**(指事文字《しじもじ》)**

・二 → 丄 → 上

・二 → 丅 → 下

③ 意味《いみ》を合《あ》わせたもの。**(会意文字《かいいもじ》)**

・「木」と「木」(木《き》がならんでいる) → 林

・「鳥」と「口」(鳥《とり》が鳴《な》くことを表《あらわ》す) → 鳴

④ 音《おん》を表《あらわ》す漢字《かんじ》と意味《いみ》を表《あらわ》す漢字《かんじ》を組《く》み合《あ》わせたもの。**(形声文字《けいせいもじ》)**

・木（↑意味《いみ》を表《あらわ》す） 反（↑音《おん》を表《あらわ》す） → 板

・扌（↑意味《いみ》を表《あらわ》す） 寺（↑音《おん》を表《あらわ》す） → 持

(2) 次《つぎ》の漢字《かんじ》はどの文字《もじ》にあてはまりますか。——線《せん》でむすびましょう。

- 三本《さんぼん》の線《せん》 → 三 ——— 指事文字《しじもじ》
-  → 日 ——— 象形文字《しょうけいもじ》
- 木（↑意味《いみ》を表《あらわ》す） 交（↑音《おん》を表《あらわ》す） → 校 ——— 形声文字《けいせいもじ》
- 「山」と「石」で → 岩 ——— 会意文字《かいいもじ》

形声文字《けいせいもじ》　指事文字《しじもじ》　会意文字《かいいもじ》　象形文字《しょうけいもじ》

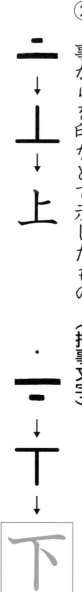

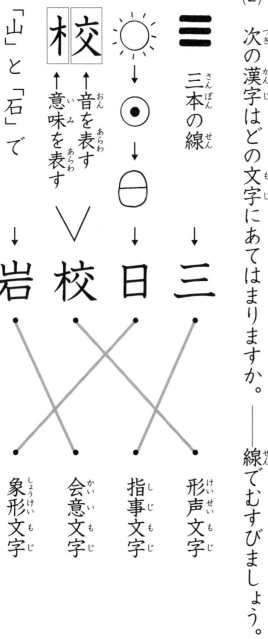

漢字《かんじ》の成《な》り立《た》ち (2)

名前

漢字《かんじ》の成《な》り立《た》ちには、次《つぎ》の四《よっ》つのものがあります。

(1) それぞれの成《な》り立《た》ちにあてはまる漢字《かんじ》を□から選《えら》んで□に書《か》きましょう。

① 物《もの》の形《かたち》をかたどったもの。（**象形文字《しょうけいもじ》**）

・ → 目

・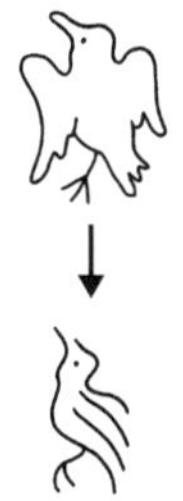 → □

② 事《こと》がらを印《しるし》などで示《しめ》したもの。（**指事文字《しじもじ》**）

・二 → 丄 → 上

・二 → 丅 → □

③ 意味《いみ》を合《あ》わせたもの。（**会意文字《かいいもじ》**）

・「木」と「木」→ 林（木《き》がならんでいる）

・「鳥」と「口」→ □（鳥《とり》が鳴《な》くことを表《あらわ》す）

④ 音《おん》を表《あらわ》す漢字《かんじ》と意味《いみ》を表《あらわ》す漢字《かんじ》を組《く》み合《あ》わせたもの。（**形声文字《けいせいもじ》**）

・木 反（←音《おん》を表《あらわ》す ←意味《いみ》を表《あらわ》す）→ 板

・扌 寺（←音《おん》を表《あらわ》す ←意味《いみ》を表《あらわ》す）→ □

下	鳥	持	鳴

(2) 次《つぎ》の漢字《かんじ》はどの文字《もじ》にあてはまりますか。――線《せん》でむすびましょう。

- 三本《さんぼん》の線《せん》 → 三 ・　　・ 形声文字《けいせいもじ》
-  → 日 ・　　・ 指事文字《しじもじ》
- 木 交（←音《おん》を表《あらわ》す ←意味《いみ》を表《あらわ》す）→ 校 ・　　・ 会意文字《かいいもじ》
- 「山」と「石」で → 岩 ・　　・ 象形文字《しょうけいもじ》

漢字《かんじ》の成《な》り立《た》ち (3)

——象形《しょうけい》文字《もじ》・指事《しじ》文字《もじ》

名前

(1) 次《つぎ》のような物《もの》の形《かたち》からできた漢字《かんじ》を□に書《か》きましょう。

①
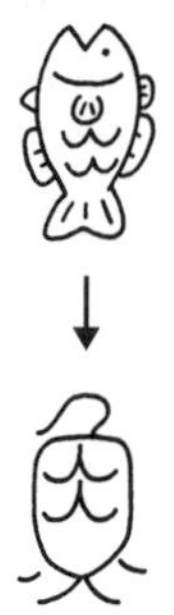
魚

②
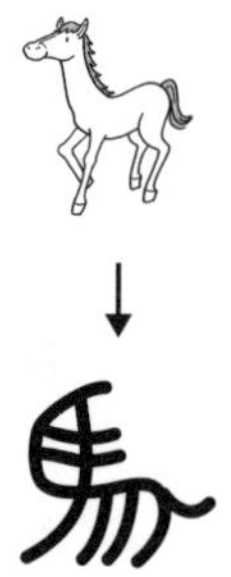
馬

③
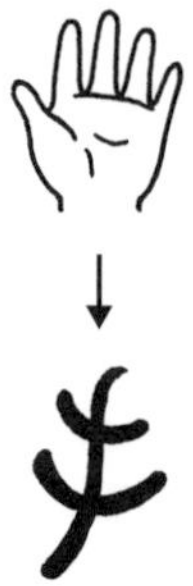
手

④

月

⑤
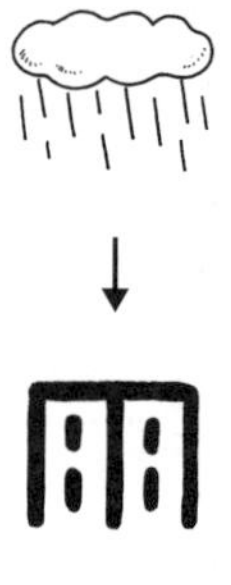
雨

⑥
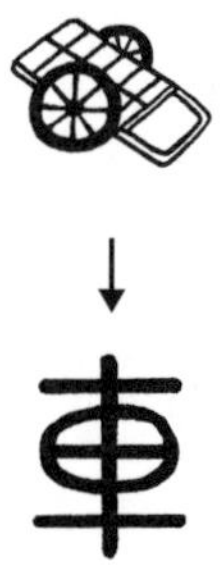
車

(2) 次《つぎ》の事《こと》がらを、印《しるし》などで示《しめ》してできた漢字《かんじ》を□に書《か》きましょう。

①
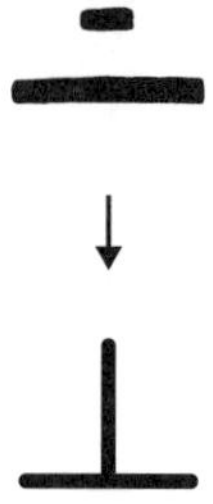
上

②

下

③
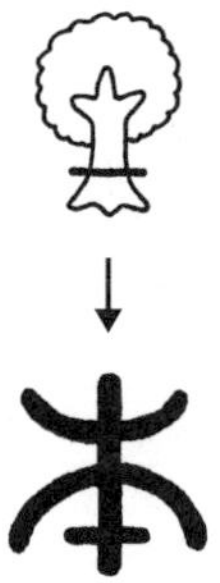
本

④
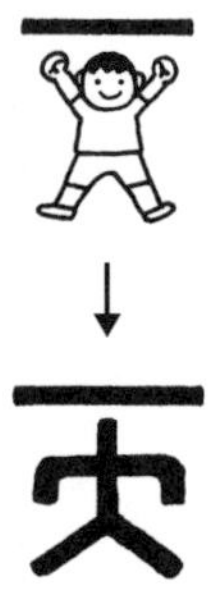
天

⑤
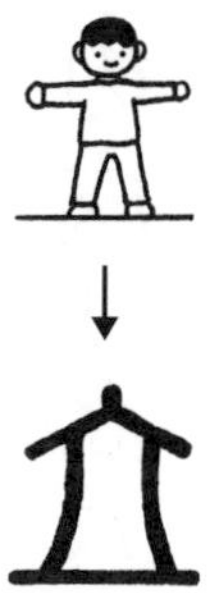
立

⑥
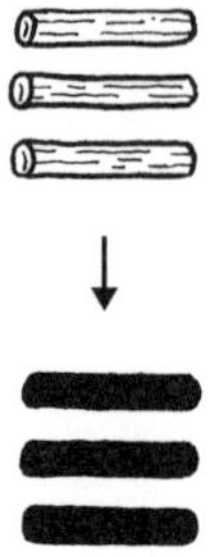
三

漢字《かんじ》の成《な》り立《た》ち　(4)

——象形《しょうけい》文字《もじ》・指事《しじ》文字《もじ》

名前

(1) 次《つぎ》のような物《もの》の形《かたち》からできた漢字《かんじ》を[　]から選《えら》んで□に書《か》きましょう。

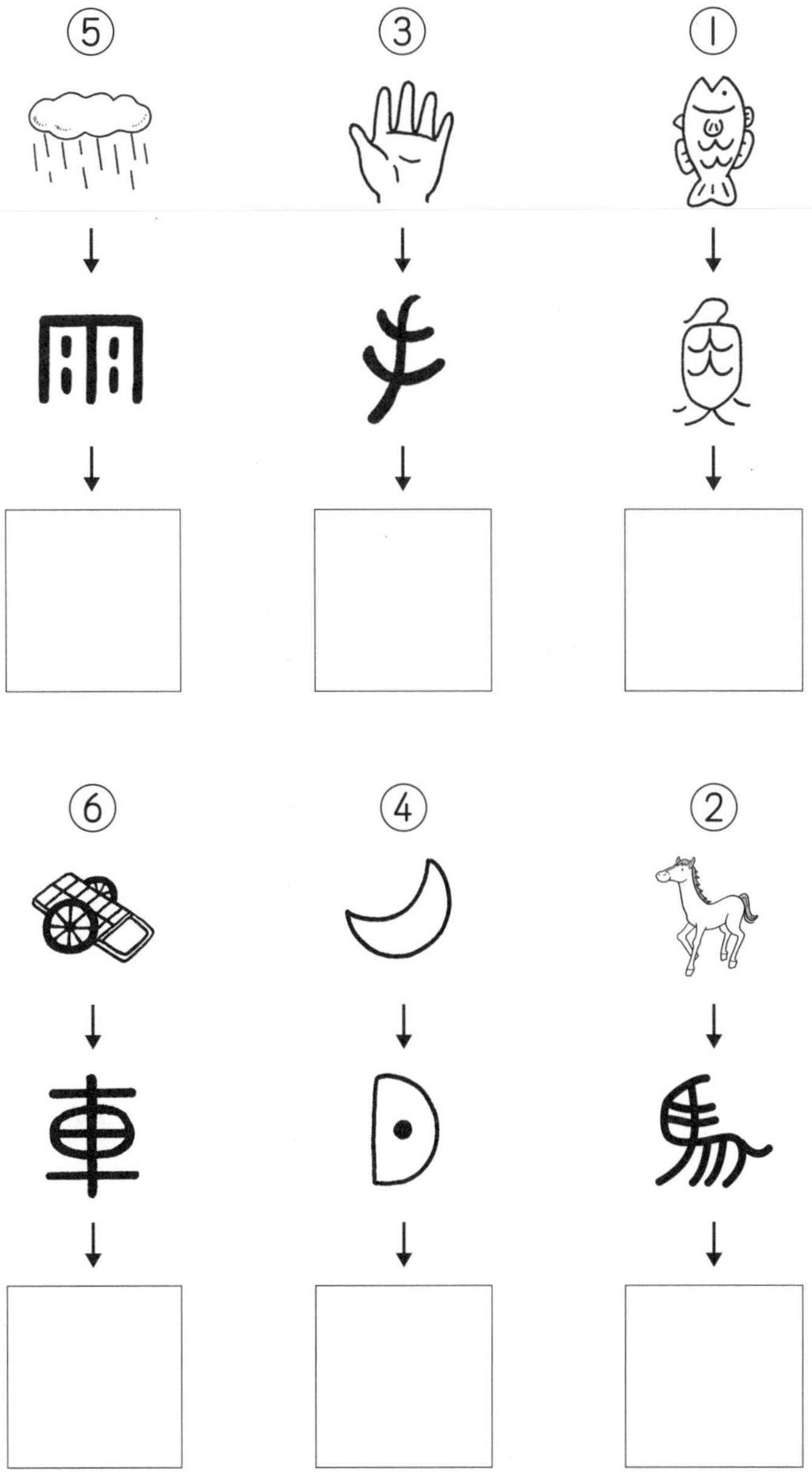

雨　車　月　手　魚　馬

(2) 次《つぎ》の事《こと》がらを印《しるし》などで示《しめ》して、できた漢字《かんじ》を[　]から選《えら》んで□に書《か》きましょう。

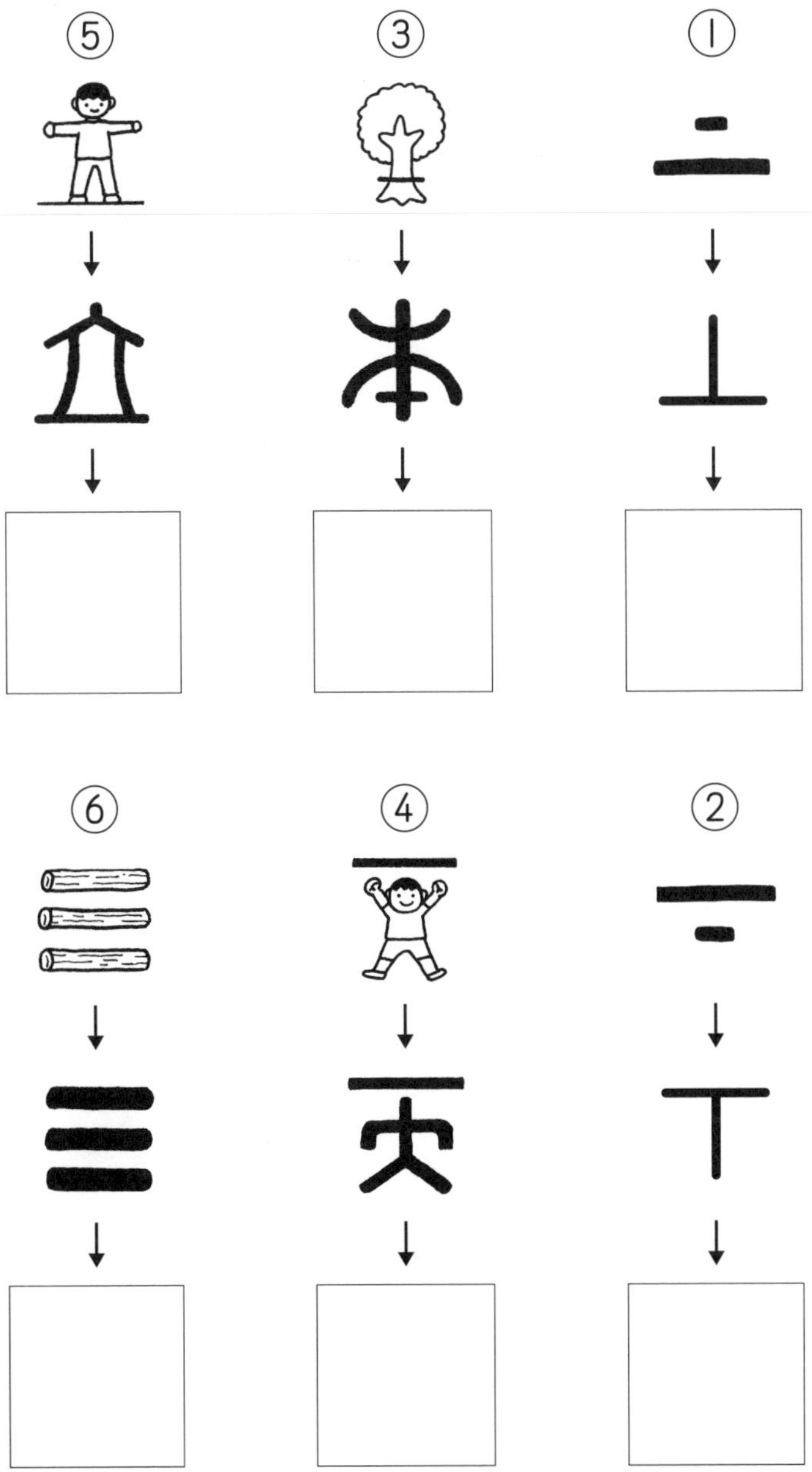

三　立　上　下　本　天

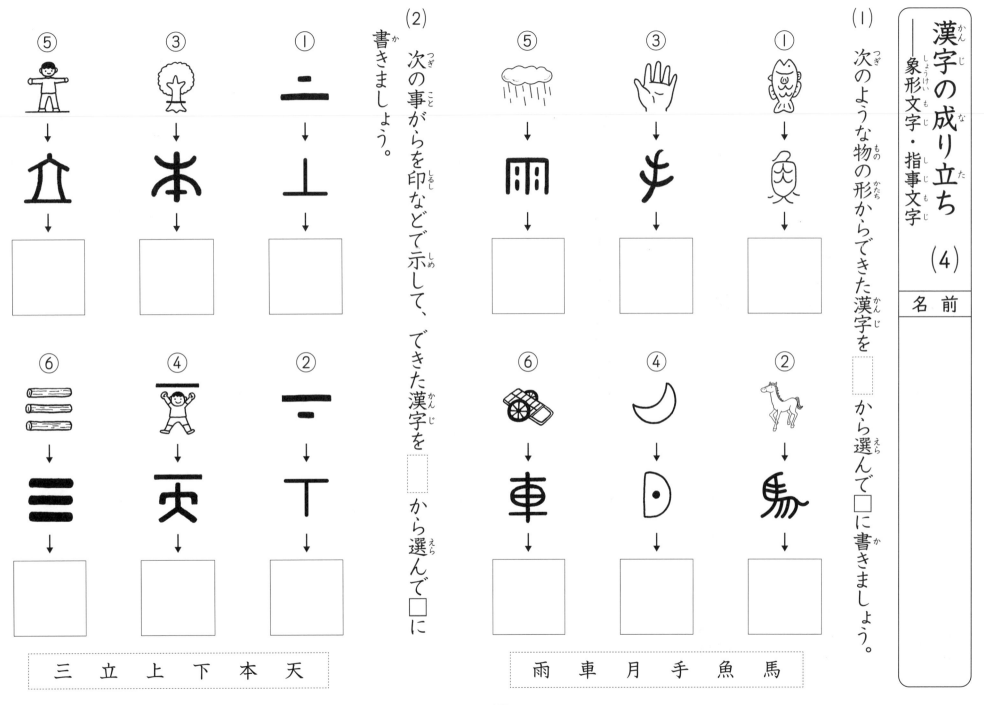

漢字《かんじ》の成《な》り立《た》ち (5)

——会意文字《かいいもじ》

名前

(1) 次《つぎ》の漢字《かんじ》は、二《ふた》つの漢字《かんじ》を組《く》み合《あ》わせてできています。
□に漢字《かんじ》を書《か》きましょう。

① 「山」と「石」→ 岩

② 「自」と「心」→ 息

③ 「田」と「力」→ 男

④ 「日」と「月」→ 明

⑤ 「人」と「木」→ 休

⑥ 「夕」と「口」→ 名

(2) 次《つぎ》の漢字《かんじ》は、どんな漢字《かんじ》を組《く》み合《あ》わせてできたものですか。
□に漢字《かんじ》を書《か》きましょう。

① 木 と 木 → 林

② 火 と 田 → 畑

③ 鳥 と 口 → 鳴

④ 人 と 立 → 位

⑤ 門 と 日 → 間

⑥ 力 と 口 → 加

漢字《かんじ》の成《な》り立《た》ち　(6)
——会意文字《かいいもじ》

名前

(1) 次《つぎ》の漢字《かんじ》は、二《ふた》つの漢字《かんじ》を組《く》み合《あ》わせてできています。下《した》の□から選《えら》んで□に漢字《かんじ》を書《か》きましょう。

① 「山」と「石」→ □

② 「自」と「心」→ □

③ 「田」と「力」→ □

④ 「日」と「月」→ □

⑤ 「人」と「木」→ □

⑥ 「夕」と「口」→ □

岩　明　休　男　息　名

(2) 次《つぎ》の漢字《かんじ》は、どんな漢字《かんじ》を組《く》み合《あ》わせてできたものですか。下《した》の□から選《えら》んで□に漢字《かんじ》を書《か》きましょう。

① □と□ → 林

② □と□ → 畑

③ □と□ → 鳴

④ □と□ → 位

⑤ □と□ → 間

⑥ □と□ → 加

鳥　火　木　門　力　人
口　田　木　日　口　立

漢字《かんじ》の成《な》り立《た》ち (7)
——形声文字《けいせいもじ》

名前

(1) 次《つぎ》の意味《いみ》を表《あらわ》す部分《ぶぶん》と、音《おん》を表《あらわ》す部分《ぶぶん》を組《く》み合《あ》わせた漢字《かんじ》を□に書《か》きましょう。

① 木(き)意味《いみ》 + 反(ハン)音《おん》 → 板

② 氵(みず)意味《いみ》 + 青(セイ)音《おん》 → 清

③ 艹(くさ)意味《いみ》 + 化(カ)音《おん》 → 花

④ 口(くち)意味《いみ》 + 門(モン)音《おん》 → 問

⑤ 日(ひ)意味《いみ》 + 青(セイ)音《おん》 → 晴

⑥ 辶(いく)意味《いみ》 + 束(ソク)音《おん》 → 速

(2) 次《つぎ》の漢字《かんじ》の音《おん》を表《あらわ》す部分《ぶぶん》と意味《いみ》を表《あらわ》す部分《ぶぶん》を、□に書《か》きましょう。

例《れい》 持 → 寺 音《おん》 + 扌 意味《いみ》

① 銅 → 同 音《おん》 + 金 意味《いみ》

② 想 → 相 音《おん》 + 心 意味《いみ》

③ 草 → 早 音《おん》 + 艹 意味《いみ》

④ 絵 → 会 音《おん》 + 糸 意味《いみ》

⑤ 河 → 可 音《おん》 + 氵 意味《いみ》

(3) 次《つぎ》の——線《せん》の漢字《かんじ》の読《よ》みを［　］に書《か》きましょう。

① 銅像《ゾウ》 ［ドウ］

② 理《リ》想 ［ソウ］

③ かすみ草 ［ソウ］

④ 絵画《ガ》 ［カイ］

⑤ 河川《セン》 ［カ］

漢字《かんじ》の成《な》り立《た》ち　(8)
——形声文字《けいせいもじ》

名前

(1) 次《つぎ》の意味《いみ》を表《あらわ》す部分《ぶぶん》と、音《おん》を表《あらわ》す部分《ぶぶん》を組《く》み合《あ》わせた漢字《かんじ》を□に書《か》きましょう。

① 木(き)意味《いみ》＋反(ハン)音《おん》→□

② 氵(みず)意味《いみ》＋青(セイ)音《おん》→□

③ 艹(くさ)意味《いみ》＋化(カ)音《おん》→□

④ 口(くち)意味《いみ》＋門(モン)音《おん》→□

⑤ 日(ひ)意味《いみ》＋青(セイ)音《おん》→□

⑥ 辶(いく)意味《いみ》＋束(ソク)音《おん》→□

(2) 次《つぎ》の漢字《かんじ》の音《おん》を表《あらわ》す部分《ぶぶん》と意味《いみ》を表《あらわ》す部分《ぶぶん》を、□に書《か》きましょう。

例《れい》 持 → 寺 音《おん》 ＋ 扌 意味《いみ》

① 銅 → □音《おん》＋□意味《いみ》

② 想 → □音《おん》＋□意味《いみ》

③ 草 → □音《おん》＋□意味《いみ》

④ 絵 → □音《おん》＋□意味《いみ》

⑤ 河 → □音《おん》＋□意味《いみ》

(3) 次《つぎ》の——線《せん》の漢字《かんじ》の読《よ》みを〔　〕に書《か》きましょう。

① 銅像《ゾウ》〔　　〕

② 理《リ》想〔　　〕

③ かすみ草〔　　〕

④ 絵画《ガ》〔　　〕

⑤ 河川《セン》〔　　〕

和語《わご》・漢語《かんご》・外来語《がいらいご》 (1)

名前

(1) 次《つぎ》の文中《ぶんちゅう》の——線《せん》の言葉《ことば》を読《よ》みます。和語《わご》の読《よ》み方《かた》を、ひらがなで（　）に書《か》きましょう。

① （きいろ）
黄色いぼうしをかぶる。

② （ことり）
小鳥がさえずる。

③ （うみ）（おやこ）
海に親子で出《で》かける。

④ （うたごえ）
きれいな歌声。

(2) 次《つぎ》の文中《ぶんちゅう》の——線《せん》の言葉《ことば》を読《よ》みます。漢語《かんご》の読《よ》み方《かた》を、かたかなで（　）に書《か》きましょう。

① （ダイズ）
とうふは大豆でできている。

② （シンブン）
新聞を読《よ》む。

③ （シンセツ）
親切な人《ひと》に出会《であ》う。

④ （シンパイ）
みんなに心配をかける。

和語《わご》・漢語《かんご》・外来語《がいらいご》 (2)

名前

(1) 次《つぎ》の文中《ぶんちゅう》の——線《せん》の言葉《ことば》を読《よ》みます。和語《わご》の読《よ》み方《かた》を、ひらがなで（　）に書《か》きましょう。

① 黄色いぼうしをかぶる。（　）

② 小鳥がさえずる。（　）

③ 海に親子で出《で》かける。（　）（　）

④ きれいな歌声。（　）

(2) 次《つぎ》の文中《ぶんちゅう》の——線《せん》の言葉《ことば》を読《よ》みます。漢語《かんご》の読《よ》み方《かた》を、かたかなで（　）に書《か》きましょう。

① とうふは大豆でできている。（　）

② 新聞を読《よ》む。（　）

③ 親切な人《ひと》に出会《であ》う。（　）

④ みんなに心配をかける。（　）

和《わ》語《ご》・漢《かん》語《ご》・外《がい》来《らい》語《ご》 (3)

名前

● 次《つぎ》の言葉《ことば》は、「和《わ》語《ご》」・「漢《かん》語《ご》」・「外《がい》来《らい》語《ご》」のどれにあたりますか。下《した》から選《えら》び——線《せん》で結《むす》びましょう。

①

山《やま》登《のぼ》り・　　・和《わ》語《ご》

ハイキング・　　・漢《かん》語《ご》

山頂《さんちょう》・　　・外《がい》来《らい》語《ご》

②

海底《かいてい》・　　・和《わ》語《ご》

スイミング・　　・漢《かん》語《ご》

海《うみ》・　　・外《がい》来《らい》語《ご》

和語《わご》・漢語《かんご》・外来語《がいらいご》 (4)

名前

● 次《つぎ》の――線《せん》の言葉《ことば》は、「和語《わご》」・「漢語《かんご》」・「外来語《がいらいご》」のどれにあたりますか。
ア「和語《わご》」イ「漢語《かんご》」ウ「外来語《がいらいご》」の記号《きごう》を（　）に書《か》きましょう。

①
- 昼食《ちゅうしょく》を食《た》べる（イ）
- ランチを食《た》べる（　）
- 昼《ひる》ごはんを食《た》べる（　）

②
- スピードを出《だ》す（　）
- 速度《そくど》を上《あ》げる（　）
- 速《はや》さを競《きそ》う（　）

③
- 決《き》まりを守《まも》る（　）
- 規則《きそく》を守《まも》る（　）
- ルールを守《まも》る（　）

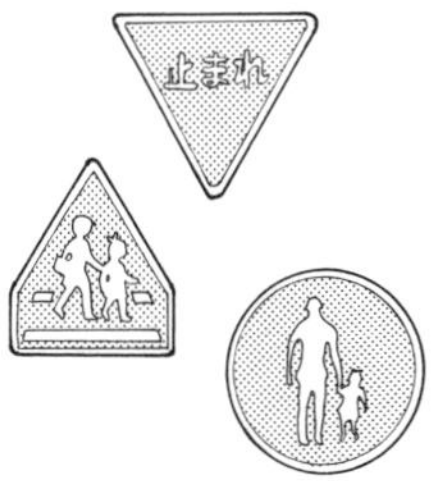

④
- ホテルにとまる（　）
- 宿屋《やどや》にとまる（　）
- 旅館《りょかん》にとまる（　）

和《わ》語《ご》・漢《かん》語《ご》・外来語《がいらいご》 (5)

名前

● 次《つぎ》の言葉《ことば》を、同《おな》じ意味《いみ》の外来語《がいらいご》におきかえます。下《した》の□から選《えら》んで□に書《か》きましょう。

① くだもの

フルーツ

② 長《なが》いす

③ さじ

④ 試験《しけん》

⑤ 昼食《ちゅうしょく》

⑥ 要点《ようてん》

⑦ おくり物《もの》

⑧ ちょうせん

スプーン
プレゼント
ベンチ
テスト
フルーツ
ランチ
チャレンジ
ポイント

和語《わご》・漢語《かんご》・外来語《がいらいご》 (6)

名前

(1) 次《つぎ》の外来語《がいらいご》を、同《おな》じ意味《いみ》の和語《わご》や漢語《かんご》におきかえます。下《した》の□から選《えら》んで□に書《か》きましょう。

① オーダー

注文

② カメラ

③ ラッシュ

④ スタート

⑤ ルール

⑥ ボール

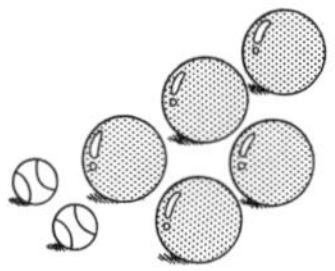

⑦ チェック

⑧ テーブル

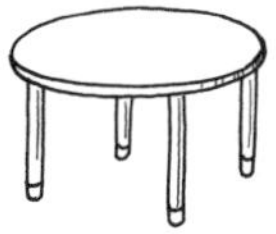

注文《ちゅうもん》　混雑《こんざつ》　写真機《しゃしんき》　確《たし》かめ　球《たま》　つくえ　開始《かいし》　決《き》まり

(2) 次《つぎ》の言葉《ことば》のうち、外来語《がいらいご》には○、そうでないものには×をしましょう。

① (　)パン　② (　)フエ　③ (　)ピアノ　④ (　)クレヨン

⑤ (　)エンピツ　⑥ (　)テニス　⑦ (　)ヤキュウ　⑧ (　)カステラ

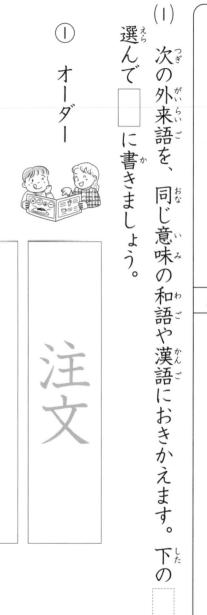

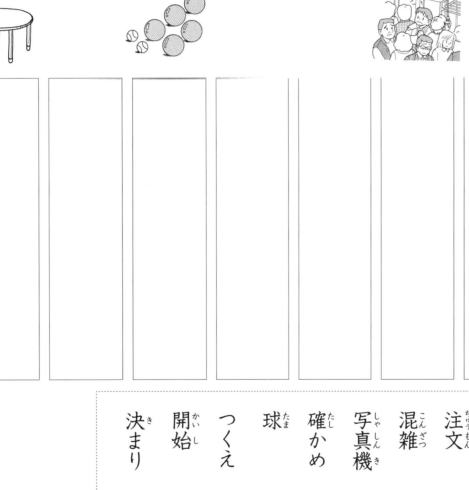

和語《わご》・漢語《かんご》・外来語《がいらいご》（7）

名前

(1) 次《つぎ》の文中《ぶんちゅう》の――線《せん》の言葉《ことば》は、漢語《かんご》と和語《わご》で意味《いみ》がちがいます。□に漢語《かんご》の読《よ》み方《かた》はかたかなで、和語《わご》の読《よ》み方《かた》はひらがなで書《か》きましょう。

①
㋐ 送別会《そうべつかい》で色紙に寄《よ》せ書《が》きをする。
シキシ

㋑ 色紙でつるを折《お》る。
いろがみ

①
㋐ 生物なので早《はや》く食《た》べてください。
なまもの

㋑ 川《かわ》にすむ生物を調《しら》べる。
セイブツ

㋒ 夏《なつ》の生き物を飼《か》う。
いきもの

(2) 次《つぎ》の言葉《ことば》の、漢語《かんご》の読《よ》み方《かた》をかたかなで、和語《わご》の読《よ》み方《かた》をひらがなで書《か》きましょう。□の中《なか》から選《えら》んで□に書《か》きましょう。

① 風車
漢語《かんご》 フウシャ
和語《わご》 かざぐるま

② 草原
漢語《かんご》 ソウゲン
和語《わご》 くさはら

フウシャ　ソウゲン　くさはら　かざぐるま

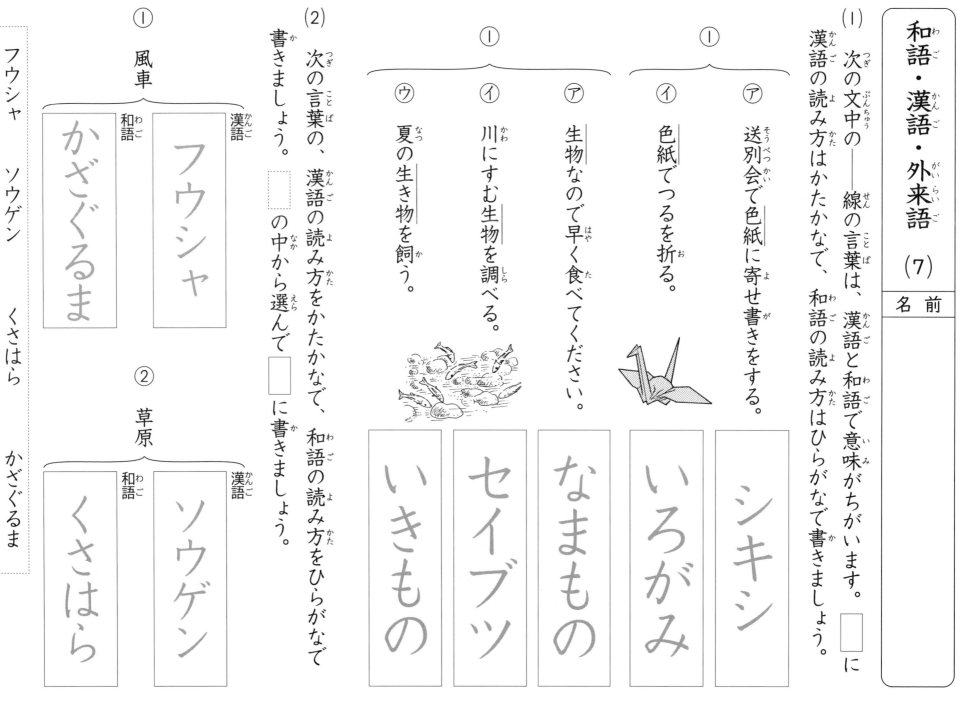

和《わ》語《ご》・漢《かん》語《ご》・外《がい》来《らい》語《ご》 (8)

名前

(1) 次《つぎ》の文中《ぶんちゅう》の――線《せん》の言葉《ことば》は、漢《かん》語《ご》と和《わ》語《ご》で意味《いみ》がちがいます。□に漢《かん》語《ご》の読《よ》み方《かた》はかたかなで、和《わ》語《ご》の読《よ》み方《かた》はひらがなで書《か》きましょう。

①
ア 送別会《そうべつかい》で色紙に寄《よ》せ書《が》きをする。
□
イ 色紙でつるを折《お》る。
□

①
ア 生物なので早《はや》く食《た》べてください。
□
イ 川《かわ》にすむ生物を調《しら》べる。
□
ウ 夏《なつ》の生き物を飼《か》う。
□

(2) 次《つぎ》の言葉《ことば》の、漢《かん》語《ご》の読《よ》み方《かた》をかたかなで、和《わ》語《ご》の読《よ》み方《かた》をひらがなで書《か》きましょう。□の中《なか》から選《えら》んで□に書《か》きましょう。

① 風車
漢語《かんご》 □
和語《わご》 □

② 草原
漢語《かんご》 □
和語《わご》 □

フウシャ　ソウゲン　くさはら　かざぐるま

同訓異字《どうくんいじ》(1)

——同《おな》じ読《よ》み方《かた》の漢字《かんじ》

名前

(1) 文《ぶん》の意味《いみ》を考《かんが》えて、あてはまる言葉《ことば》を下《した》から選《えら》んで——線《せん》で結《むす》びましょう。

①
- ㋐ やかんの湯《ゆ》が
- ㋑ 国語辞典《こくごじてん》は
- ㋒ この部屋《へや》は

暑《あつ》い。　熱《あつ》い。　厚《あつ》い。

②
- ㋐ 水《みず》の深《ふか》さを
- ㋑ 勉強時間《べんきょうじかん》を
- ㋒ 妹《いもうと》の体重《たいじゅう》を

量《はか》る。　計《はか》る。　測《はか》る。

③
- ㋐ 家《いえ》に
- ㋑ 選手《せんしゅ》を
- ㋒ 形《かたち》を

代《か》える。　変《か》える。　帰《かえ》る。

④
- ㋐ 正門《せいもん》を
- ㋑ 席《せき》を
- ㋒ 夜《よる》が

空《あ》ける。　開《あ》ける。　明《あ》ける。

(2) 文《ぶん》の意味《いみ》にあてはまる漢字《かんじ》を選《えら》んで○で囲《かこ》みましょう。読《よ》み方《かた》を□にひらがなで書《か》きましょう。

① 目《め》が{覚・冷}める。　［さ］める。

② 階段《かいだん》を{登・上}る。　［のぼ］る。

③ となりに家《いえ》が{立・建}つ。　［た］つ。

④ 木《き》の{歯・葉}がしげる。　［は］

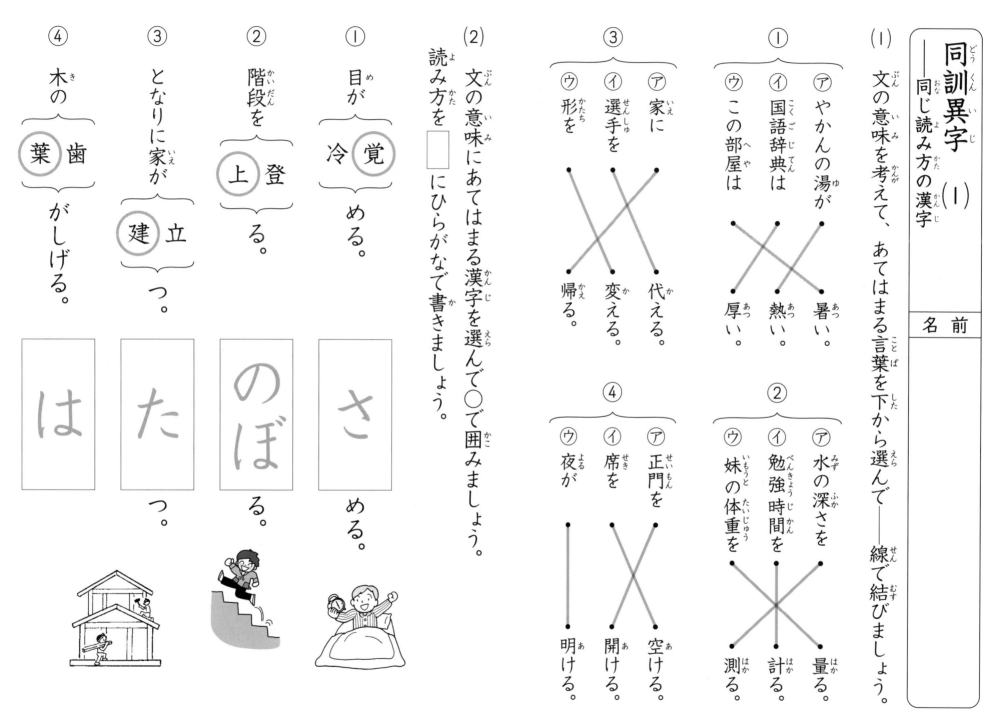

同訓異字《どうくんいじ》(2)

――同《おな》じ読《よ》み方《かた》の漢字《かんじ》

名前

(1) 文《ぶん》の意味《いみ》を考《かんが》えて、あてはまる言葉《ことば》を下《した》から選《えら》んで――線《せん》で結《むす》びましょう。

①
- ㋐ やかんの湯《ゆ》が・
- ㋑ 国語辞典《こくごじてん》は・
- ㋒ この部屋《へや》は・

- ・暑《あつ》い。
- ・熱《あつ》い。
- ・厚《あつ》い。

②
- ㋐ 水《みず》の深《ふか》さを・
- ㋑ 勉強時間《べんきょうじかん》を・
- ㋒ 妹《いもうと》の体重《たいじゅう》を・

- ・量《はか》る。
- ・計《はか》る。
- ・測《はか》る。

③
- ㋐ 家《いえ》に・
- ㋑ 選手《せんしゅ》を・
- ㋒ 形《かたち》を・

- ・代《か》える。
- ・変《か》える。
- ・帰《かえ》る。

④
- ㋐ 正門《せいもん》を・
- ㋑ 席《せき》を・
- ㋒ 夜《よる》が・

- ・空《あ》ける。
- ・開《あ》ける。
- ・明《あ》ける。

(2) 文《ぶん》の意味《いみ》にあてはまる漢字《かんじ》を選《えら》んで○で囲《かこ》みましょう。読《よ》み方《かた》を□にひらがなで書《か》きましょう。

① 目《め》が｛覚　冷｝める。　□める。

② 階段《かいだん》を｛登　上｝る。　□る。

③ となりに家《いえ》が｛立　建｝つ。　□つ。

④ 木《き》の｛歯　葉｝がしげる。　□

同訓異字《どうくんいじ》(3)

——同《おな》じ読《よ》み方《かた》の漢字《かんじ》

名前

(1) 次《つぎ》の読《よ》み方《かた》をする漢字《かんじ》を、文《ぶん》の意味《いみ》を考《かんが》えて□から選《えら》んで□に書《か》きましょう。

① かう
㋐ かごに虫《むし》を 飼う 。
㋑ 虫《むし》かごを 買う 。

買う　飼う

② きる
㋐ 服《ふく》を 着る 。
㋑ はさみで紙《かみ》を 切る 。

着る　切る

③ はな
㋐ ひまわりの 花 がさいた。
㋑ かぜをひいて 鼻 がつまる。

花　鼻

(2) 次《つぎ》の文中《ぶんちゅう》の——線《せん》の漢字《かんじ》の使《つか》い方《かた》が、正《ただ》しければ○を、まちがっていれば正《ただ》しく書《か》きなおしましょう。□の漢字《かんじ》を参考《さんこう》にしましょう。

① わたしと姉《あね》は気《き》が会う。　合

② にがい薬《くすり》はよく効く。　○

③ 母《はは》は、朝《あさ》速く起《お》きる。　早

早　聞　合

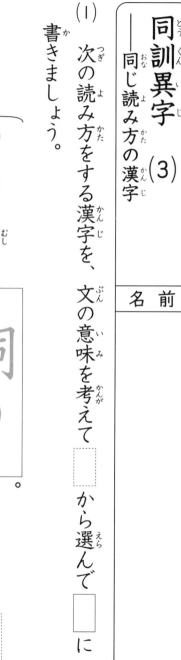

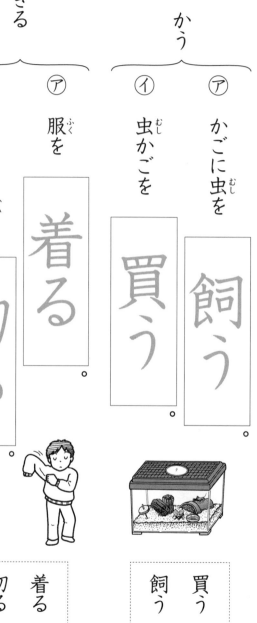

同訓異字《どうくんいじ》(4)

——同《おな》じ読《よ》み方《かた》の漢字《かんじ》

名前

(1) 次《つぎ》の読《よ》み方《かた》をする漢字《かんじ》を、文《ぶん》の意味《いみ》を考《かんが》えて［　］から選《えら》んで［　］に書《か》きましょう。

① かう
- ㋐ かごに虫《むし》を［　　］。
- ㋑ 虫《むし》かごを［　　］。

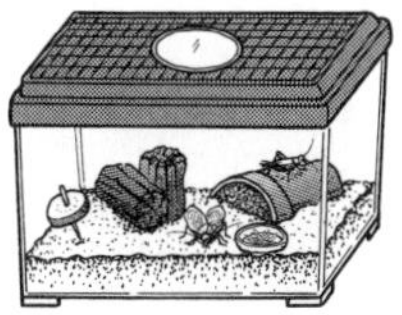

［買う　飼う］

② きる
- ㋐ 服《ふく》を［　　］。
- ㋑ はさみで紙《かみ》を［　　］。

［着る　切る］

③ はな
- ㋐ ひまわりの［　　］がさいた。
- ㋑ かぜをひいて［　　］がつまる。

［花　鼻］

(2) 次《つぎ》の文中《ぶんちゅう》の——線《せん》の漢字《かんじ》の使《つか》い方《かた》が、正《ただ》しければ○を、まちがっていれば正《ただ》しく書《か》きなおしましょう。［　］の漢字《かんじ》を参考《さんこう》にしましょう。

① わたしと姉《あね》は気《き》が会う。［　　］

② にがい薬《くすり》はよく効く。［　　］

③ 母《はは》は、朝《あさ》速く起《お》きる。［　　］

［早　聞　合］

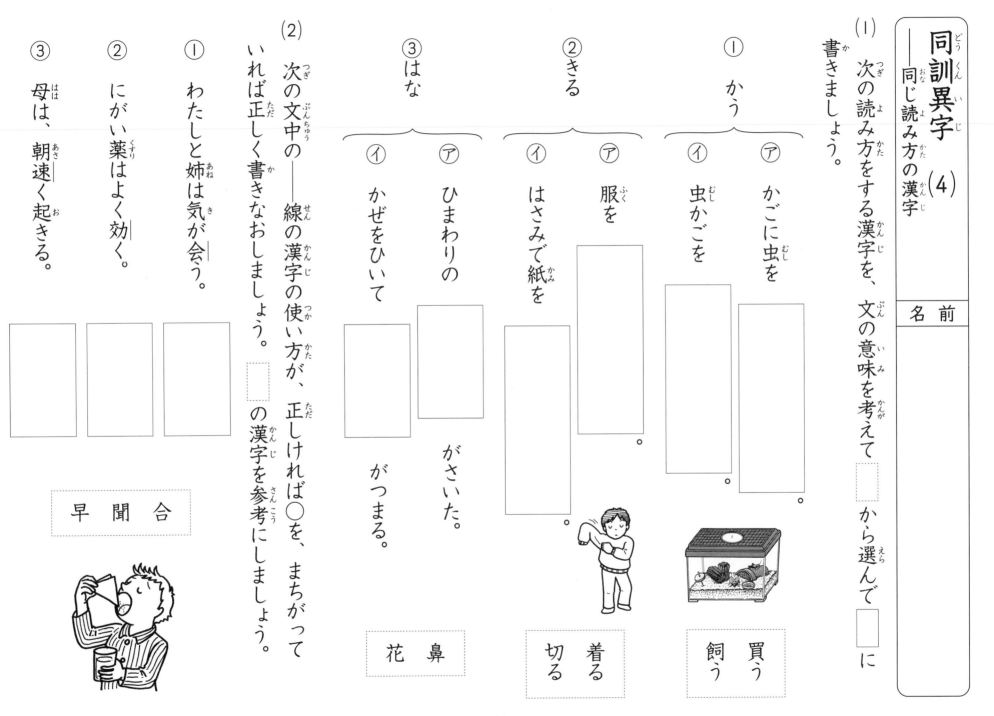

同訓異字《どうくんいじ》（5）
—同《おな》じ読《よ》み方《かた》の漢字《かんじ》

名前

(1) 次《つぎ》の読《よ》み方《かた》をする漢字《かんじ》を、文《ぶん》の意味《いみ》を考《かんが》えて□から選《えら》んで□に書《か》きましょう。

① なおす
㋐ 姿勢《しせい》を［直す］。
㋑ 病気《びょうき》を［治す］。

直す　治す

② さす
㋐ まどから光《ひかり》が［差す］。
㋑ 山《やま》の方《ほう》を［指す］。

差す　指す

③ つく
㋐ 目的地《もくてきち》に［着く］。
㋑ のりが手《て》に［付く］。

付く　着く

(2) 次《つぎ》の文中《ぶんちゅう》の——線《せん》の漢字《かんじ》の使《つか》い方《かた》がまちがっています。□に正《ただ》しい漢字《かんじ》を□から選《えら》んで書《か》きましょう。

① にわとりがたまごを生む。［産む］

② かみの毛《け》を着る。［切る］

③ 毎日体重《まいにちたいじゅう》を測る。［量る］

④ 道《みち》が二《ふた》つに別れる。［分かれる］

量《はか》る　産《う》む　切《き》る　分《わ》かれる

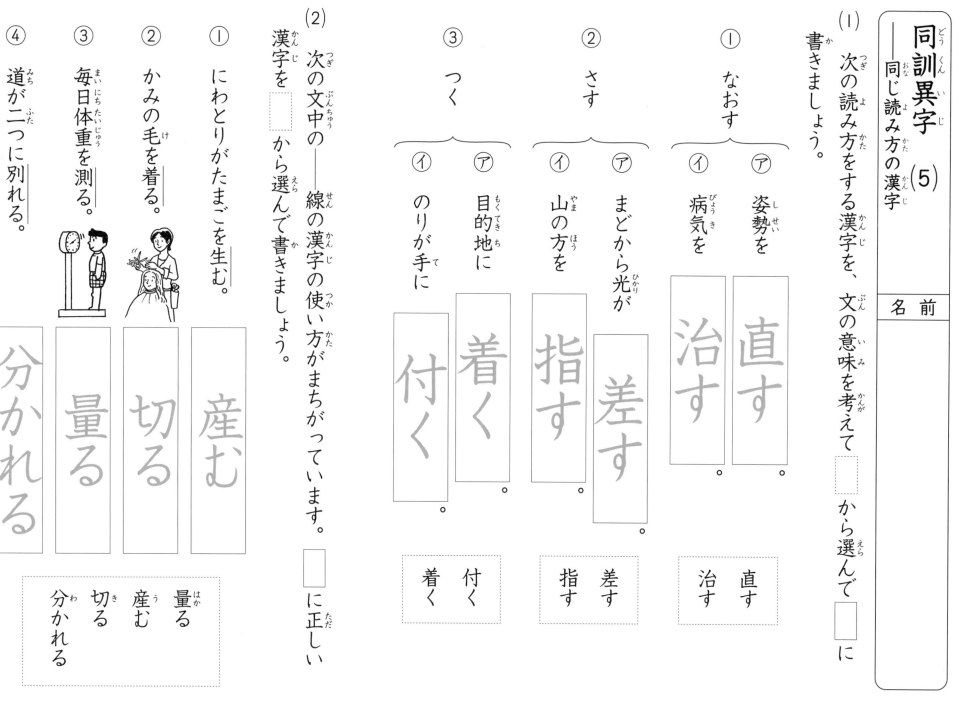

同訓異字《どうくんいじ》(6)

——同《おな》じ読《よ》み方《かた》の漢字《かんじ》

名前

(1) 次《つぎ》の読《よ》み方《かた》をする漢字《かんじ》を、文《ぶん》の意味《いみ》を考《かんが》えて□から選《えら》んで□に書《か》きましょう。

① なおす
- ㋐ 姿勢《しせい》を□。
- ㋑ 病気《びょうき》を□。

直す　治す

② さす
- ㋐ まどから光《ひかり》が□。
- ㋑ 山《やま》の方《ほう》を□。

差す　指す

③ つく
- ㋐ 目的地《もくてきち》に□。
- ㋑ のりが手《て》に□。

付く　着く

(2) 次《つぎ》の文中《ぶんちゅう》の——線《せん》の漢字《かんじ》の使《つか》い方《かた》がまちがっています。□に正《ただ》しい漢字《かんじ》を□から選《えら》んで書《か》きましょう。

① にわとりがたまごを生む。

② かみの毛《け》を着る。

③ 毎日体重《まいにちたいじゅう》を測る。

④ 道《みち》が二《ふた》つに別れる。

量《はか》る　産《う》む　切《き》る　分《わ》かれる

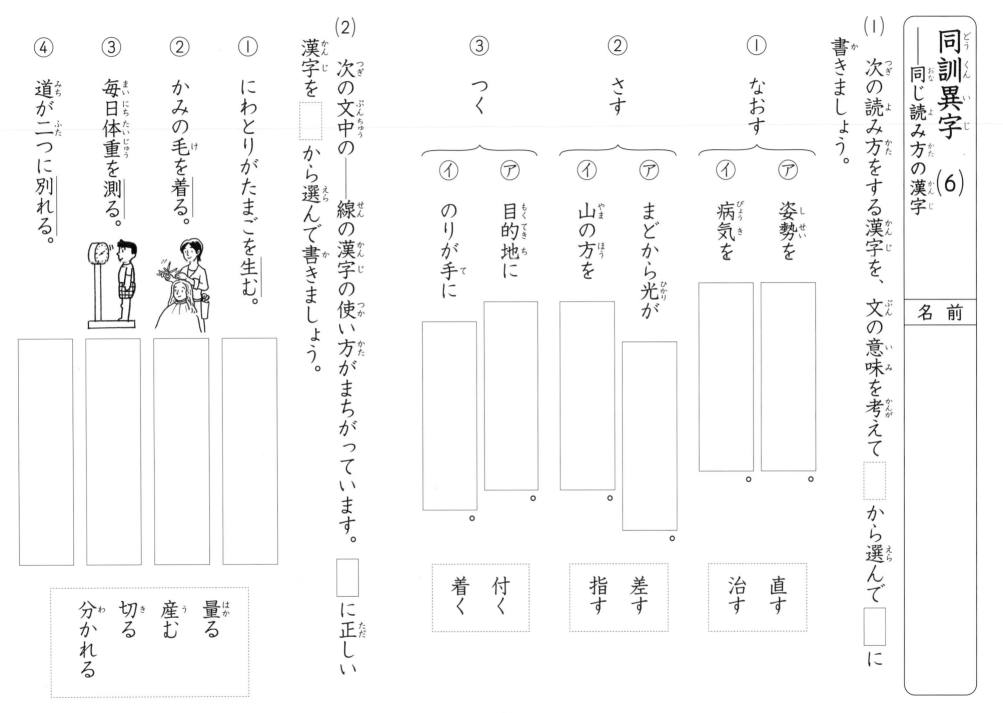

同音異義語《どうおんいぎご》（1）

——同《おな》じ読《よ》み方《かた》の漢字《かんじ》

名前

（1）次《つぎ》の文《ぶん》の——線《せん》の漢字《かんじ》の読《よ》みを（　）にかたかなで書《か》きましょう。

① 週刊誌《し》が（シュウカン）一《いっ》週間後《ご》に発売《はつばい》される。（シュウカン）

② 公園の広場《ひろば》で、（コウエン）音楽《おんがく》の公演をしていた。（コウエン）

③ 明日《あした》までに道具《どうぐ》を用意するのは、容易ではない。（ヨウイ）（ヨウイ）

（2）次《つぎ》の□にあてはまる熟語《じゅくご》を□から選《えら》んで書《か》きましょう。

① コウカイ

㋐ 海上《かいじょう》を船《ふね》が［航海］する。

㋑ 新作《しんさく》の映画《えいが》が［公開］される。

公開　航海

② カンシン

㋐ わたしは、鉄道《てつどう》に［関心］がある。

㋑ ていねいな作品《さくひん》を見《み》て［感心］した。

関心　感心

③ キョウリョク

㋐ みんなで［協力］して、取《と》り組《く》む。

㋑ ［強力］な接着《せっちゃく》ざいを使《つか》う。

協力　強力

同音異義語《どうおんいぎご》(2)

——同《おな》じ読《よ》み方《かた》の漢字《かんじ》

名前

(1) 次《つぎ》の文《ぶん》の——線《せん》の漢字《かんじ》の読《よ》みを（　）にかたかなで書《か》きましょう。

① 週刊誌《し》が一《いっ》週間後《ご》に発売《はつばい》される。
（　　）（　　）

② 公園の広場《ひろば》で、音楽《おんがく》の公演をしていた。
（　　）（　　）

③ 明日《あした》までに道具《どうぐ》を用意するのは、容易ではない。
（　　）（　　）

(2) 次《つぎ》の□にあてはまる熟語《じゅくご》を□から選《えら》んで書《か》きましょう。

① コウカイ
㋐ 海上《かいじょう》を船《ふね》が□する。
㋑ 新作《しんさく》の映画《えいが》が□される。

公開　航海

② カンシン
㋐ わたしは、鉄道《てつどう》に□がある。
㋑ ていねいな作品《さくひん》を見《み》て□した。

関心　感心

③ キョウリョク
㋐ みんなで□して、取《と》り組《く》む。
㋑ □な接着《せっちゃく》ざいを使《つか》う。

協力　強力

同《どう》音《おん》異《い》義《ぎ》語《ご》
——同《おな》じ読《よ》み方《かた》の漢字《かんじ》(3)

名前

(1) □の中《なか》の漢字《かんじ》は、㋐、㋑どちらの文《ぶん》の□にあてはまりますか。意味《いみ》を考《かんが》えて書《か》きましょう。

① ボウ　暴　防

㋐ [暴]風雨《ふうう》に備《そな》えて、屋根《やね》を直《なお》した。

㋑ 町《まち》の[防]災《さい》マップを見《み》る。

② シン　身　信

㋐ わたしは、ボール運動《うんどう》には自《じ》[信]がある。

㋑ それは、わたし自《じ》[身]の問題《もんだい》だ。

③ フク　複　復

㋐ [複]数《すう》の作品《さくひん》がそろった。

㋑ 家《いえ》と学校《がっこう》を往《おう》[復]する。

(2) 次《つぎ》の㋐、㋑の文《ぶん》に合《あ》う熟語《じゅくご》を□から選《えら》んで□に書《か》きましょう。

① イガイ　意外　以外

㋐ 予想《よそう》していたのと違《ちが》っていること　[意外]

㋑ ある物事《ものごと》をのぞいて　[以外]

② コウイ　校医　好意

㋐ いい人《ひと》だなあと思《おも》う気持《きも》ち　[好意]

㋑ 学校《がっこう》の医師《いし》　[校医]

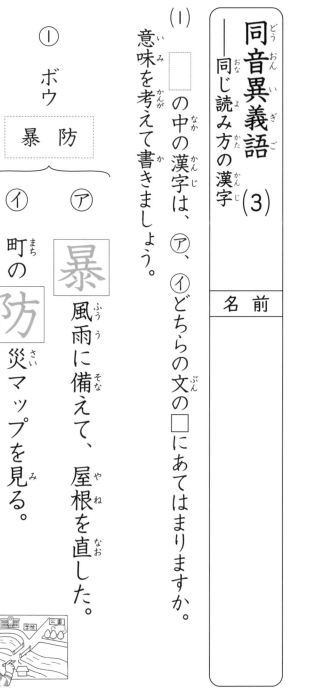

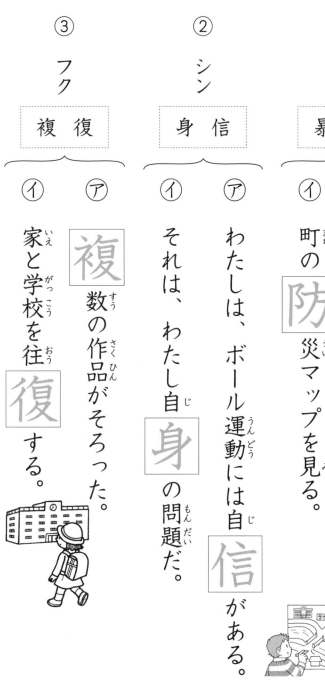

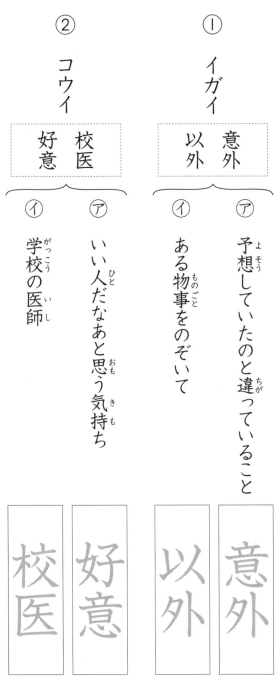

同音異義語《どうおんいぎご》（4）

——同《おな》じ読《よ》み方《かた》の漢字《かんじ》

名前

（1）□の中《なか》の漢字《かんじ》は、㋐、㋑どちらの文《ぶん》の□にあてはまりますか。意味《いみ》を考《かんが》えて書《か》きましょう。

① ボウ

防　暴

㋐ □風雨《ふうう》に備《そな》えて、屋根《やね》を直《なお》した。

㋑ 町《まち》の□災《さい》マップを見《み》る。

② シン

信　身

㋐ わたしは、ボール運動《うんどう》には自《じ》□がある。

㋑ それは、わたし自《じ》□の問題《もんだい》だ。

③ フク

復　複

㋐ □数《すう》の作品《さくひん》がそろった。

㋑ 家《いえ》と学校《がっこう》を往《おう》□する。

（2）次《つぎ》の㋐、㋑の文《ぶん》に合《あ》う熟語《じゅくご》を□から選《えら》んで□に書《か》きましょう。

① イガイ

意外　以外

㋐ 予想《よそう》していたのと違《ちが》っていること

㋑ ある物事《ものごと》をのぞいて

② コウイ

校医　好意

㋐ いい人《ひと》だなあと思《おも》う気持《きも》ち

㋑ 学校《がっこう》の医師《いし》

同《どう》音《おん》異《い》義《ぎ》語《ご》(5)
——同《おな》じ読《よ》み方《かた》の漢字《かんじ》

名前

(1) 次《つぎ》の文《ぶん》に合《あ》う熟語《じゅくご》を□から選《えら》んで□に書《か》きましょう。

① シンネン

㋐ [新年] のあいさつをする。

㋑ [信念] をもって行動《こうどう》する。

新年　信念

② サイシン

㋐ [最新] のニュースを聞《き》く。

㋑ [細心] の注意《ちゅうい》をはらう。

細心　最新

③ ガッキ

㋐ 新《しん》 [学期] がスタートする。

㋑ [楽器] を演《えん》そうする。

学期　楽器

(2) 次《つぎ》の文中《ぶんちゅう》の——線《せん》の熟語《じゅくご》が正《ただ》しいときは○を、まちがっているときは、正《ただ》しい熟語《じゅくご》を□に書《か》きましょう。□の熟語《じゅくご》を参考《さんこう》にしましょう。

① 五年生《ごねんせい》対象《たいしょう》の学習会《がくしゅうかい》がある。　[○]

② 文化祭《ぶんかさい》の開場《かいじょう》は二階《にかい》です。　[会場]

④ 今日《きょう》、習《なら》った事《こと》の複習《ふくしゅう》をする。　[復習]

対照《たいしょう》　会場《かいじょう》　復習《ふくしゅう》

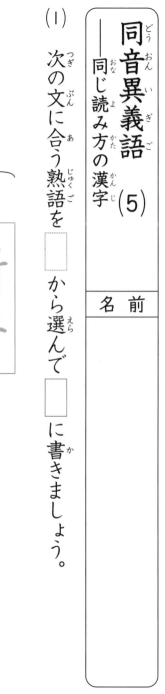

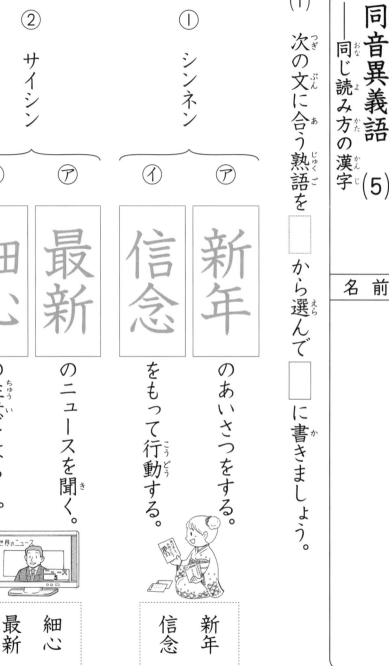

同音異義語《どうおんいぎご》(6)

——同《おな》じ読《よ》み方《かた》の漢字《かんじ》

名前

(1) 次《つぎ》の文《ぶん》に合《あ》う熟語《じゅくご》を□から選《えら》んで□に書《か》きましょう。

① シンネン

㋐ □のあいさつをする。

㋑ □をもって行動《こうどう》する。

新年
信念

② サイシン

㋐ □のニュースを聞《き》く。

㋑ □の注意《ちゅうい》をはらう。

細心
最新

③ ガッキ

㋐ 新《しん》□がスタートする。

㋑ □を演《えん》そうする。

学期
楽器

(2) 次《つぎ》の文中《ぶんちゅう》の——線《せん》の熟語《じゅくご》が正《ただ》しいときは○を、まちがっているときは、正《ただ》しい熟語《じゅくご》を□に書《か》きましょう。□の熟語《じゅくご》を参考《さんこう》にしましょう。

① 五年生《ごねんせい》対象《たいしょう》の学習会《がくしゅうかい》がある。 □

② 文化祭《ぶんかさい》の開場《かいじょう》は二階《にかい》です。 □

④ 今日《きょう》、習《なら》った事《こと》の復習《ふくしゅう》をする。 □

対照《たいしょう》
会場《かいじょう》
復習《ふくしゅう》

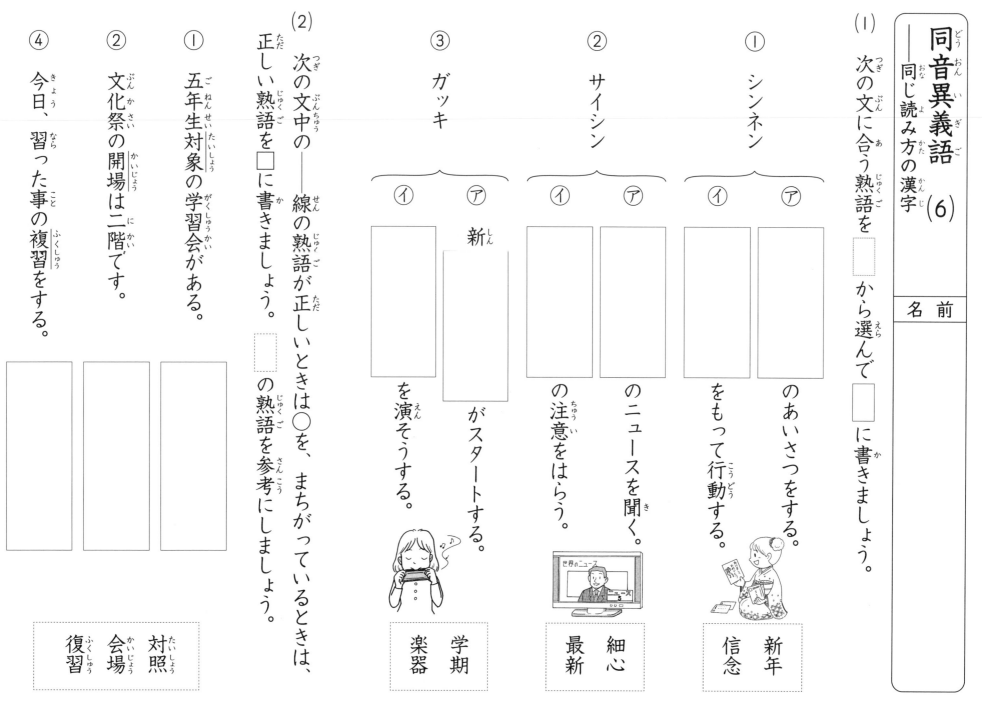

同訓異字《どうくんいじ》・同音異義語《どうおんいぎご》 (1)

——同《おな》じ読《よ》み方《かた》の漢字《かんじ》

名前

(1) 次《つぎ》の文《ぶん》で——線《せん》の言葉《ことば》にあてはまる漢字《かんじ》を選《えら》んで○で囲《かこ》みましょう。

① 今日《きょう》はあつい｛暑《あつ》い・熱《あつ》い｝。

② 山《やま》にのぼる｛登《のぼ》る・上《のぼ》る｝。

③ 家《いえ》にかえる｛変《か》える・帰《かえ》る｝。

④ 友《とも》だちにあう｛合《あ》う・会《あ》う｝。

(2) ——線《せん》の言葉《ことば》にあてはまる漢字《かんじ》を□から選《えら》んで（　）に書《か》きましょう。

①
㋐ 牛乳《ぎゅうにゅう》をかこうしてバターを作《つく》る。（加工）
㋑ かこうに近《ちか》づくにつれ、川《かわ》の水《みず》が増《ま》す。（河口）

河口　加工

②
㋐ ていかが五百円《ごひゃくえん》のおもちゃを買《か》う。（定価）
㋑ 水位《すいい》がしだいにていかする。（低下）

定価　低下

③
㋐ かぜをひいて近所《きんじょ》のいいんへ行《い》く。（医院）
㋑ 体育《たいいく》いいんになる。（委員）

委員　医院

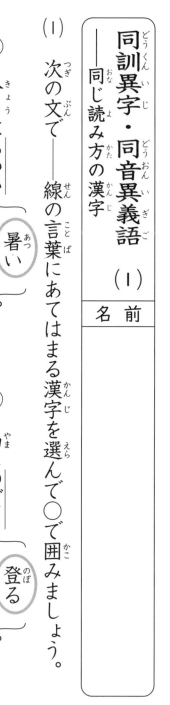

同訓異字《どうくんいじ》・同音異義語《どうおんいぎご》（2）

――同《おな》じ読《よ》み方《かた》の漢字《かんじ》

名前

(1) 次《つぎ》の文《ぶん》で――線《せん》の言葉《ことば》にあてはまる漢字《かんじ》を選《えら》んで○で囲《かこ》みましょう。

① 今日《きょう》はあつい ｛暑《あつ》い　熱《あつ》い｝。

② 山《やま》にのぼる ｛登《のぼ》る　上《のぼ》る｝。

③ 家《いえ》にかえる ｛変《か》える　帰《かえ》る｝。

④ 友《とも》だちにあう ｛合《あ》う　会《あ》う｝。

(2) ――線《せん》の言葉《ことば》にあてはまる漢字《かんじ》を［　］から選《えら》んで（　）に書《か》きましょう。

①
㋐ 牛乳《ぎゅうにゅう》をかこうしてバターを作《つく》る。（　　）
㋑ かこうに近《ちか》づくにつれ、川《かわ》の水《みず》が増《ま》す。（　　）

［河口　加工］

②
㋐ ていかが五百円《ごひゃくえん》のおもちゃを買《か》う。（　　）
㋑ 水位《すいい》がしだいにていかする。（　　）

［定価　低下］

③
㋐ かぜをひいて近所《きんじょ》のいいんへ行《い》く。（　　）
㋑ 体育《たいいく》いいんになる。（　　）

［委員　医院］

同訓異字《どうくんいじ》・同音異義語《どうおんいぎご》 (3)

——同《おな》じ読《よ》み方《かた》の漢字《かんじ》

名前

● 次《つぎ》の文《ぶん》で使《つか》い方《かた》のまちがっている漢字《かんじ》の横《よこ》に——線《せん》を引《ひ》きましょう。
□から正《ただ》しい漢字《かんじ》を選《えら》んで□に書《か》きましょう。

① 防寒《ぼうかん》のために、服《ふく》を重《かさ》ねて切《き》る。　着

② 防風《ぼうふう》に備《そな》えて、屋根《やね》を直《なお》す。

③ 歯《は》みがきは、毎日《まいにち》の週慣《しゅうかん》になっている。

④ 木《き》にひっかかって服《ふく》が敗《やぶ》れる。

⑤ 毎日《まいにち》、父《ちち》に身長《しんちょう》を計《はか》ってもらう。

着　暴　習　破　測

同訓異字《どうくんいじ》・同音異義語《どうおんいぎご》（4）
——同《おな》じ読《よ》み方《かた》の漢字《かんじ》

名前

● 文《ぶん》の意味《いみ》を考《かんが》えて、上《うえ》の言葉《ことば》にあてはまる言葉《ことば》を下《した》から選《えら》んで——線《せん》で結《むす》びましょう。

①
㋐ 昔《むかし》の友《とも》に ・　　・ 再開《さいかい》する。
㋑ 試合《しあい》を ・　　・ 再会《さいかい》する。

②
㋐ 試合《しあい》に ・　　・ 敗《やぶ》れる。
㋑ ズボンが ・　　・ 破《やぶ》れる。

③
㋐ 家《いえ》に ・　　・ 代《か》える。
㋑ 計画《けいかく》を ・　　・ 帰《かえ》る。
㋒ あいさつに ・　　・ 変《か》える。

④
㋐ 作品《さくひん》の出来《でき》ばえを ・　　・ 競走《きょうそう》する。
㋑ 五十《ごじゅう》メートル走《そう》で ・　　・ 競争《きょうそう》する。

文《ぶん》の組《く》み立《た》て (1)

名前

(1) 次《つぎ》の文《ぶん》の主語《しゅご》に――線《せん》を引《ひ》きましょう。

① イルカが海《うみ》の中《なか》を泳《およ》ぐ。

② 母《はは》が出《で》かけた。だからぼくは留守番《るすばん》をした。

(2) 次《つぎ》の文《ぶん》の═線《せん》を引《ひ》いた言葉《ことば》は述語《じゅつご》です。═線《せん》の述語《じゅつご》に合《あ》う主語《しゅご》に――線《せん》を引《ひ》きましょう。

①

㋐ わたしは小《ちい》さい時《とき》、毛布《もうふ》を使《つか》っていた。これはその毛布《もうふ》だ。

㋑ これはわたしが小《ちい》さい頃《ころ》に使《つか》っていた毛布《もうふ》だ。

②

㋐ 雨《あめ》がふった。だから遠足《えんそく》は中止《ちゅうし》だ。

㋑ 雨《あめ》がふったので遠足《えんそく》は中止《ちゅうし》だ。

③

㋐ 父《ちち》が本《ほん》を買《か》ってくれた。ぼくはその本《ほん》を読《よ》む。

㋑ ぼくは父《ちち》が買《か》ってくれた本《ほん》を読《よ》む。

文《ぶん》の組《く》み立《た》て　(2)

名前

(1) 次《つぎ》の文《ぶん》の述語《じゅつご》に═線《せん》を引《ひ》きましょう。

① 黄色《きいろ》い大《おお》きな花《はな》がさいた。

② 妹《いもうと》が紙《かみ》ねん土《ど》で人形《にんぎょう》を作《つく》った。その人形《にんぎょう》はかわいかった。

(2) 次《つぎ》の文《ぶん》の――線《せん》を引《ひ》いた言葉《ことば》は主語《しゅご》です。――線《せん》の主語《しゅご》に合《あ》う述語《じゅつご》に═線《せん》を引《ひ》きましょう。

①
㋐ 雨《あめ》がふった。だから川《かわ》の水《みず》が増《ふ》えた。
㋑ 雨《あめ》がふったから、川《かわ》の水《みず》が増《ふ》えた。

②
㋐ ぼくが花《はな》を植《う》えた。その花《はな》がさいた。
㋑ ぼくが植《う》えた花《はな》がさいた。

③
㋐ 弟《おとうと》が泣《な》いた。それで犬《いぬ》がほえた。
㋑ 弟《おとうと》が泣《な》いたので、犬《いぬ》がほえた。

文《ぶん》の組《く》み立《た》て (3)

名前

● 次《つぎ》の二《ふた》つの文《ぶん》を〈例《れい》〉のように一《ひと》つの文《ぶん》にしましょう。

①〈例《れい》〉わたしが花《はな》を植《う》えた。その花《はな》がさいた。

わたしが植えた花がさいた

㋐ ぼくが車《くるま》を作《つく》った。その車《くるま》が走《はし》った。

。

㋑ わたしはちょうをつかまえた。そのちょうが飛《と》んだ。

。

②〈例《れい》〉わたしが花《はな》を植《う》えた。これはその花《はな》だ。

これはわたしが植えた花だ

㋐ ぼくが車《くるま》を作《つく》った。これはその車《くるま》だ。

。

㋑ ぼくが図書館《としょかん》で本《ほん》を借《か》りた。これはその本《ほん》です。

。

文《ぶん》の組《く》み立《た》て (4)

名前

● 〈例《れい》〉のように、主語《しゅご》には――線《せん》、述語《じゅつご》には＝＝線《せん》、修飾語《しゅうしょくご》には～～線《せん》を引《ひ》きましょう。また修飾語《しゅうしょくご》がどの言葉《ことば》を修飾《しゅうしょく》しているか、矢印《やじるし》を書《か》きましょう。

① 〈例《れい》〉わたしが植《う》えた花《はな》がさいた。

㋐ ぼくが作《つく》った車《くるま》が走《はし》った。

㋑ わたしがつかまえたちょうが飛《と》んだ。

② 〈例《れい》〉あれは、友《とも》だちが住《す》んでいる家《いえ》です。

㋐ これは、ぼくが図書館《としょかん》で借《か》りた本《ほん》です。

㋑ それは、わたしが落《お》としたえん筆《ぴつ》だ。

4頁

かんがえるのって　おもしろい

名前

● 次《つぎ》の詩《し》を二回《にかい》読《よ》んで、答《こた》えましょう。

かんがえるのって　おもしろい
谷川《たにかわ》　俊太郎《しゅんたろう》

1

かんがえるのって　おもしろい
どこかとおくへ　いくみたい
しらないけしきが　みえてきて
そらのあおさが　ふかくなる
このおかのうえ　このきょうしつは
みらいにみかって　とんでいる

2

なかよくするって　ふしぎだね
けんかするのも　いいみたい
しらないきもちが　かくれてて
まえよりもっと　すきになる
このおかのうえ　このがっこうは
みんなのちからで　㋐そだってく

（令和二年度版　光村図書　国語　五　銀河　谷川　俊太郎）

(1) 1の「かんがえるのって　おもしろい」について、どのように書《か》いてありますか。□に言葉《ことば》を書《か》きましょう。

どこか　**とおく**　へ　いくみたい
しらない　**けしき**　が　みえてきて
そらの　**あおさ**　が
ふかく　なる

(2) 2の「けんかするのも　いいみたい」について、どのように書《か》いてありますか。□に言葉《ことば》を書《か》きましょう。

しらないきもち
が　かくれてて
まえよりもっと
すきになる

(3) このがっこうは　何《なに》で㋐そだってく　と書《か》いてありますか。

みんな　の
ちから

5頁

なまえつけてよ　(1)

名前

● 次《つぎ》の文章《ぶんしょう》を二回《にかい》読《よ》んで、答《こた》えましょう。

1

学校《がっこう》からの帰《かえ》り道《みち》のことだ。
牧場《ぼくじょう》のわきを通《とお》りかかったとき、
春花《はるか》は、そこに見《み》なれない
子馬《こうま》がいることに気《き》がついた。

2

つやつやした毛《け》なみの、
茶色《ちゃいろ》の子馬《こうま》だ。
立《た》ち止まってじっと見《み》ると、
目《め》が合《あ》った。
子馬《こうま》は、ぱちりと
まばたきした。
春花《はるか》は、その美《うつく》しい目《め》に、
㋐すいこまれそうな気《き》がした。

（令和二年度版　光村図書　国語　五　銀河　蜂飼　耳）

1

(1) いつのことですか。

学校　からの
帰り道　のことだ。

(2) 春花《はるか》は　何《なに》に気《き》がつきましたか。

そこに見《み》なれない
子馬　がいることに
気《き》がついた。

2

(1) どんな子馬《こうま》ですか。

つやつや　した
毛《け》なみの、**茶**　色《いろ》の子馬《こうま》。

(2) 春花《はるか》は、何《なに》に㋐すいこまれそうな気《き》がしましたか。

その　**美しい目**　に
すいこまれそうな気《き》がした。

6頁

なまえつけてよ　(2)

名前

● 次《つぎ》の文章《ぶんしょう》を二回《にかい》読《よ》んで、答《こた》えましょう。
春花《はるか》は牧場《ぼくじょう》に見《み》なれない子馬《こうま》がいることに気《き》がついた

作業《さぎょう》をしていた
牧場《ぼくじょう》のおばさんが、
手《て》を止《と》めて、
春花《はるか》に話《はな》しかけた。
「㋐この子《こ》、
生《う》まれたばかりなの。」
「名前《なまえ》、
なんていうんですか。」
㋑思《おも》わず、春花《はるか》はきいた。
「名前《なまえ》、まだ考《かんが》えてないの。
そうだ、名前《なまえ》、つけてよ。」

（令和二年度版　光村図書　国語　五　銀河　蜂飼　耳）

(1) 作業《さぎょう》をしていたのは、だれですか。

牧場のおばさん

(2) ㋐この子《こ》とは、だれのことですか。あてはまる方《ほう》に○をつけましょう。

（○）子馬《こうま》
（　）転校《てんこう》してきた友達《ともだち》

(3) ㋑思《おも》わず、春花《はるか》は、何《なん》とききましたか。

名前、
なんていうんですか。

(4) 牧場《ぼくじょう》のおばさんは、春花《はるか》に何《なん》とたのみましたか。文中《ぶんちゅう》の言葉《ことば》で答《こた》えましょう。

そうだ、**名前**、
つけてよ。

7頁

なまえつけてよ　(3)

名前

● 次《つぎ》の文章《ぶんしょう》を二回《にかい》読《よ》んで、答《こた》えましょう。
春花《はるか》はひと月前《つきまえ》に引《ひ》っこしてきた勇太《ゆうた》と同《おな》じクラスになった。子馬《こうま》に名前《なまえ》をつけるために春花《はるか》は放課後《ほうかご》、勇太《ゆうた》とその弟《おとうと》の陸《りく》と牧場《ぼくじょう》のところで待《ま》ち合《あ》わせた。

1

次《つぎ》の日《ひ》の放課後《ほうかご》、牧場《ぼくじょう》の
さくのそばへ行《い》くと、前《まえ》の日《ひ》と
同《おな》じところに子馬《こうま》がいた。
春花《はるか》は、子馬《こうま》をながめながら
㋐待《ま》った。もしかして、勇太《ゆうた》は
来《こ》ないかもしれないな。
㋑なめらかなたてがみ。
真《ま》っ黒《くろ》な目《め》。時間《じかん》がいつもより
ゆっくりと流《なが》れていく。

2

㋐「おうい、来《き》たよ。」
陸《りく》の声《こえ》がした。急《いそ》ぐ陸《りく》の
後《うし》ろから来《く》るのは、勇太《ゆうた》だ。
風《かぜ》がさあっとふきぬけた。
子馬《こうま》はぴくぴくと耳《みみ》を動《うご》かした。
勇太《ゆうた》はきいた。
「名前《なまえ》、なんて
つけるんだ。」

（令和二年度版　光村図書　国語　五　銀河　蜂飼　耳）

1

(1) 春花《はるか》は、だれを㋐待《ま》ったのですか。あてはまる方《ほう》に○をつけましょう。

（○）勇太《ゆうた》
（　）子馬《こうま》

(2) ㋑なめらかなたてがみ。真《ま》っ黒《くろ》な目《め》。は、何《なん》の様子《ようす》を表《あらわ》していますか。

子馬

2

(1) ㋐の言葉《ことば》を言《い》ったのは、だれですか。○をつけましょう。

（○）陸《りく》
（　）勇太《ゆうた》

(2) 勇太《ゆうた》は、何《なん》とききましたか。

名前、なんて
つけるんだ。

解答例

本書の解答は，あくまでもひとつの例です。児童に取り組ませる前に，必ず指導される方が問題を解いてください。指導される方の作られた解答をもとに，児童の多様な考えに寄り添って○つけをお願いします。

8頁

なまえつけてよ　(4)

名前

● 次《つぎ》の文章《ぶんしょう》を二回《にかい》読《よ》んで、答《こた》えましょう。

1

　ちょうどそのとき、牧場《ぼくじょう》のお
ばさんが建物《たてもの》から出《で》てきた。
あ「あらあら、みんな、
　来《き》てたのね。」
い「子馬《こうま》の名前《なまえ》――。」
春花《はるか》が㋐言《い》いかけると、
おばさんはあわてた。

2

「ごめんね、
㋑そのことなんだけど。
あのね、その子馬《こうま》、よそに
もらわれることになったの。
急《きゅう》に決《き》まったのよ。だから、
名前《なまえ》も、行《い》った先《さき》で
つけられることに
なったの。
たのんだのに、
ごめんなさいね。」

（令和二年度版　光村図書　国語　五　銀河　蜂飼《はちかい》　耳《みみ》）

1

(1) あといの言葉《ことば》は、だれが言《い》った言葉《ことば》ですか。

あ　牧場のおばさん

い　春花

(2) 春花《はるか》が㋐言《い》いかけた言葉《ことば》を書《か》きましょう。

子馬の名前――。

2

(1) ㋑そのこととは、どんなことですか。あてはまる方《ほう》に○をつけましょう。

(　) 子馬《こうま》をもらうこと。

(○) 子馬《こうま》に名前《なまえ》をつけること。

(2) 子馬《こうま》の名前《なまえ》は、どこでつけられることになりましたか。

行った先でつけられることになった。

9頁

なまえつけてよ　(5)

名前

● 次《つぎ》の文章《ぶんしょう》を二回《にかい》読《よ》んで、答《こた》えましょう。

牧場《ぼくじょう》のおばさんは、子馬《こうま》がよそに
もらわれることになり、名前《なまえ》は
行《い》った先《さき》でつけられることに
なったと、春花《はるか》たちに説明《せつめい》した。

　春花《はるか》は、㋐だまったまま、
さくからつき出《で》た子馬《こうま》の鼻《はな》に
さわってみた。
子馬《こうま》の鼻《はな》は、ほんのりと温《あたた》かく、
しめっている。
「がっかりさせちゃったね。
せっかく考《かんが》えてくれた名前《なまえ》、
教《おし》えてくれる。」
あ「いいんです――。それなら、
　しかたないですね。」
　春花《はるか》は、子馬《こうま》の
鼻《はな》にふれたまま、
明《あか》るい声《こえ》で
そう答《こた》えた。
勇太《ゆうた》と陸《りく》は、
何《なに》も言《い》わない。二人《ふたり》とも、
㋑こまったような顔《かお》をして、
春花《はるか》の方《ほう》をじっと見《み》ていた。

（令和二年度版　光村図書　国語　五　銀河　蜂飼《はちかい》　耳《みみ》）

(1) 春花《はるか》は、㋐だまったまま、何《なに》をしましたか。文中《ぶんちゅう》の言葉《ことば》で書《か》きましょう。

さくからつき出た子馬の鼻にさわってみた。

(2) あの言葉《ことば》は、だれが言《い》った言葉《ことば》ですか。

春花

(3) 勇太《ゆうた》と陸《りく》は、なぜ㋑こまったような顔《かお》をしたのですか。あてはまる方《ほう》に○をつけましょう。

(　) 子馬《こうま》の鼻《はな》にふれられる春花《はるか》がうらやましかったから。

(○) せっかく考《かんが》えた子馬《こうま》の名前《なまえ》が付《つ》けられなくてがっかりしているのに、明《あか》るい声《こえ》で「いいんです――。」と答《こた》えた春花《はるか》に、何《なん》と言《い》えばいいかわからなかったから。

10頁

なまえつけてよ　(6)

名前

● 次《つぎ》の文章《ぶんしょう》を二回《にかい》読《よ》んで、答《こた》えましょう。

　次《つぎ》の日《ひ》。昼休《ひるやす》みに、春花《はるか》は
ろう下《か》で勇太《ゆうた》とすれちがった。
そのときだった。春花《はるか》はそっと
何《なに》かをわたされた。
わたすと、勇太《ゆうた》は急《いそ》いで
行《い》ってしまった。
　㋐受《う》け取《と》ったものを見《み》て、
春花《はるか》は、はっとした。
紙《かみ》で折《お》った小《ち》さな馬《うま》。
不格好《ぶかっこう》だけれど、
たしかに馬《うま》だ。
　ひっくり返《かえ》してみると、
㋑ペンで何《なに》か書《か》いてある。
㋒なまえつけてよ。
　らんぼうなぐらいに
元気《げんき》のいい字《じ》が、おどっている。
　勇太《ゆうた》って、
㋓こんなところが
あるんだ。

（令和二年度版　光村図書　国語　五　銀河　蜂飼《はちかい》　耳《みみ》）

(1) 春花《はるか》が勇太《ゆうた》から㋐受《う》け取《と》ったものは、何《なに》でしたか。

紙で折った小さな馬。

(2) 受《う》け取《と》ったものには、㋑ペンで、何《なん》と書《か》いてありましたか。

なまえつけてよ。

(3) ㋒なまえつけてよ。と書《か》いたのはだれですか。

勇太

(4) 勇太《ゆうた》の、㋓こんなところとは、どんなところですか。あてはまる方《ほう》に○をつけましょう。

(○) 子馬《こうま》に名前《なまえ》が付《つ》けられなかった春花《はるか》に、紙《かみ》で折《お》った馬《うま》の名前《なまえ》を付《つ》けさせようとするやさしいところ。

(　) らんぼうなぐらいに元気《げんき》のいいところ。

11頁

なまえつけてよ　(7)

名前

● 次《つぎ》の文章《ぶんしょう》を二回《にかい》読《よ》んで、答《こた》えましょう。

　まどからは、
昼休《ひるやす》みの校庭《こうてい》が見《み》える。
明《あか》るい校庭《こうてい》には、
サッカーをしている子《こ》たちが
いる。その中《なか》に、春花《はるか》は、
ボールを追《お》いかけている
勇太《ゆうた》のすがたを見《み》つけた。
㋐ありがとう。
春花《はるか》は、心《こころ》の中《なか》でつぶやいた。

（令和二年度版　光村図書　国語　五　銀河　蜂飼《はちかい》　耳《みみ》）

(1) 春花《はるか》は、何《なに》をしている勇太《ゆうた》のすがたを見《み》つけましたか。

ボールを追いかけている勇太《ゆうた》のすがたを見《み》つけた。

(2) ㋐ありがとう。と①だれが、②だれにむけて、つぶやいたのですか。

① だれが

春花が

② だれにむけて

勇太にむけて

ありがとう。と心《こころ》の中《なか》でつぶやいた。

12頁

見立《みた》てる (1)

● 次《つぎ》の文章《ぶんしょう》を二回《にかい》読《よ》んで、答《こた》えましょう。

名前

① わたしたちは、知《し》らず知《し》らずのうちに、「見立《みた》てる」という行為《こうい》をしている。

ここでいう「㋐見立《みた》てる」とは、あるものを別《べつ》のものとして見《み》るということである。

㋑たがいに関係《かんけい》のない二《ふた》つを結《むす》び付《つ》けるとき、そこには想像力《そうぞうりょく》が働《はたら》いている。

(令和二年度版 光村図書 国語 五 銀河 野口 廣)

(1) わたしたちが、知《し》らず知《し》らずのうちにしている行為《こうい》は、何《なん》ですか。

「見立てる」という行為《こうい》。

(2) ここでいう「㋐見立《みた》てる」とは、どうすることですか。

あるものを別のものとして見《み》るということ。

(3) ㋑たがいに関係《かんけい》のない二《ふた》つを結《むす》び付《つ》けるとき、そこには、どんな力《ちから》が働《はたら》いていますか。

想像力

13頁

見立《みた》てる (2)

● 次《つぎ》の文章《ぶんしょう》を二回《にかい》読《よ》んで、答《こた》えましょう。

名前

② あや取《と》りを例《れい》に考《かんが》えてみよう。

あや取《と》りでは、一本《いっぽん》のひもを輪《わ》にして結《むす》び、手《て》や指《ゆび》にかける。

それを、一人《ひとり》で、ときには二《に》、三人《さんにん》で、取《と》ったりからめたりして形《かたち》を作《つく》る。そして、ひもが作《つく》り出《だ》した形《かたち》に㋐名前《なまえ》がつけられる。

これが、見立《みた》てるということだ。

あや取《と》りで作《つく》った形《かたち》と、その名前《なまえ》でよばれている実在《じつざい》するものとが㋑結《むす》び付《つ》けられたのである。

※実在《じつざい》…実際《じっさい》にあったり、いたりすること。

(令和二年度版 光村図書 国語 五 銀河 野口 廣)

(1) ②の段落《だんらく》では、何《なに》を例《れい》に考《かんが》えていますか。

あや取り

(2) 何《なに》に、㋐名前《なまえ》がつけられますか。

ひもが作《つく》り出《だ》した形。

(3) ①何《なに》と、②何《なに》が、㋑結《むす》び付《つ》けられたのですか。

① 何《なに》と

あや取りで作《つく》った形。

② 何《なに》が

その名前《なまえ》でよばれている実在するもの。

14頁

見立《みた》てる (3)

● 次《つぎ》の文章《ぶんしょう》を二回《にかい》読《よ》んで、答《こた》えましょう。

名前

③ この場合《ばあい》、同《おな》じ形《かたち》に対《たい》してつけられる名前《なまえ》が、ちいきによってちがうことがある。その土地《とち》の自然《しぜん》や人々《ひとびと》の生活《せいかつ》のしかたなどによって、結《むす》び付《つ》けられるものがことなるからだ。

(令和二年度版 光村図書 国語 五 銀河 野口 廣)

(1) あや取《と》りで作《つく》った同《おな》じ形《かたち》に対《たい》してつけられる名前《なまえ》は、何《なに》によってちがうことがありますか。

ちいきによってちがうことがある。

(2) あや取《と》りで作《つく》った同《おな》じ形《かたち》に対《たい》してつけられる名前《なまえ》は、なぜちいきによってちがうことがあるのですか。

その土地《とち》の自然や人々《ひとびと》の生活のしかたなどによって、結《むす》び付《つ》けられるものがことなるから。

15頁

見立《みた》てる (4)

● 次《つぎ》の文章《ぶんしょう》を二回《にかい》読《よ》んで、答《こた》えましょう。

名前

④ 日本《にほん》でよく知《し》られている写真《しゃしん》Aの形《かたち》は、ちいきごとにちがう名前《なまえ》をもっている。「あみ」「田《た》んぼ」「ざる」「たたみ」「かきね」「しょうじ」「油《あぶら》あげ」など、日本各地《にほんかくち》で名前《なまえ》を集《あつ》めると、約三十種類《やくさんじゅっしゅるい》にもなる。それぞれの土地《とち》の生活《せいかつ》と、より関《かか》わりの深《ふか》いものに見立《みた》てられた結果《けっか》といえる。

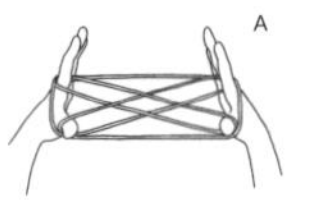

(令和二年度版 光村図書 国語 五 銀河 野口 廣)

(1) Aの形《かたち》は、ちいきごとにちがう名前《なまえ》をもっています。文中《ぶんちゅう》からさがして、名前《なまえ》を七《なな》つ書《か》きましょう。

あみ / 田んぼ / ざる / たたみ / かきね / しょうじ / 油あげ

(2) Aがちいきごとにちがう名前《なまえ》をもっているのは、なぜですか。

それぞれの土地の生活と、より関《かか》わりの深《ふか》いものに見立てられた結果《けっか》。

解答例

本書の解答は，あくまでもひとつの例です。児童に取り組ませる前に，必ず指導される方が問題を解いてください。指導される方の作られた解答をもとに，児童の多様な考えに寄り添って○つけをお願いします。

16頁

見立《みた》てる (5)

名前

● 次《つぎ》の文章《ぶんしょう》を二回《にかい》読《よ》んで、答《こた》えましょう。

⑤ あや取《と》りは、
世界各地《せかいかくち》で行《おこな》われている。
写真《しゃしん》Bは、アラスカの西部《せいぶ》で
「かもめ」とよばれている
形《かたち》である。しかし、
カナダでは、同《おな》じ形《かたち》に対《たい》し、
真《ま》ん中《なか》にある
トンネルのような部分《ぶぶん》が
家《いえ》の出入《でい》り口《ぐち》に見立《みた》てられ、
「ログハウス」
（丸太《まるた》を組《く》んでつくった家《いえ》）
などという名前《なまえ》が
つけられている。

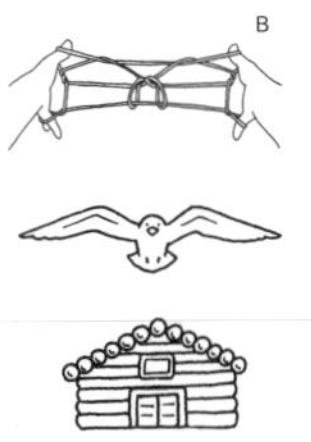

（令和二年度版　光村図書　国語　五　銀河　野口　廣）

(1) あやとりは、どこで行《おこな》われていますか。あてはまる方《ほう》に○をつけましょう。

（　）日本《にほん》とカナダ
（○）世界各地《せかいかくち》

(2) 写真《しゃしん》Bの形《かたち》について答《こた》えましょう。

① アラスカの西部《せいぶ》では、何《なん》とよばれていますか。

かもめ

② カナダでは、何《なん》とよばれていますか。

ログハウス

17頁

見立《みた》てる (6)

名前

● 次《つぎ》の文章《ぶんしょう》を二回《にかい》読《よ》んで、答《こた》えましょう。

⑥ 見立《みた》てるという行為《こうい》は、
想像力《そうぞうりょく》に支《ささ》えられている。
そして、想像力《そうぞうりょく》は、
わたしたちを育《はぐく》んでくれた
自然《しぜん》や生活《せいかつ》と
深《ふか》く関《かか》わっているのだ。

（令和二年度版　光村図書　国語　五　銀河　野口　廣）

(1) 想像力《そうぞうりょく》の意味《いみ》にあてはまる方《ほう》に○をつけましょう。

（○）見《み》たことのないものを、たぶんこうだろうと、心《こころ》の中《なか》に思《おも》いえがく力《ちから》。
（　）いろいろな物《もの》を、工作《こうさく》して作《つく》る力。

(2) 見立《みた》てるという行為《こうい》は、何《なに》に支《ささ》えられていますか。

想像力

(3) 想像力《そうぞうりょく》は、何《なに》と深《ふか》く関《かか》わっていますか。

私《わたし》たちを育《はぐく》んでくれた 自然 や 生活 と 深《ふか》く関《かか》わっている。

18頁

言葉《ことば》の意味《いみ》が分《わ》かること (1)

名前

● 次《つぎ》の文章《ぶんしょう》を二回《にかい》読《よ》んで、答《こた》えましょう。

1

あなたが、小《ちい》さな子《こ》どもに
「コップ」の意味《いみ》を教《おし》えると
したらどうしますか。
言葉《ことば》でくわしく説明《せつめい》しても、
子《こ》どもはその説明《せつめい》に出《で》てくる
言葉《ことば》を知《し》らないかも
しれません。

2

「実物《じつぶつ》を見《み》せればいい。」と
思《おも》う人《ひと》もいるでしょう。しかし、
コップには、色《いろ》や形《かたち》、大《おお》きさなど、
㋐さまざまなものがあります。
持《も》ち手《て》の付《つ》いた小《ちい》さい
赤《あか》いコップと、持《も》ち手《て》のない
大《おお》きなガラスのコップ、
どちらをコップとして
見《み》せればよいでしょうか。

（令和二年度版　光村図書　国語　五　銀河　今井《いまい》　むつみ）

1

(1) この文章《ぶんしょう》では、どんなことを問《と》いかけていますか。

あなたが、小《ちい》さな 子ども に「コップ」の意味《いみ》を 教える としたらどうしますか。

(2) 言葉《ことば》で説明《せつめい》するとき、子《こ》どもは、何《なに》を知《し》らないかもしれませんか。

説明《せつめい》に出《で》てくる 言葉。

2

(1) 実物《じつぶつ》のコップは、どんなことが㋐さまざまですか。三《みっ》つ書《か》きましょう。

① 色　② 形　③ 大きさ

(2) どんなコップをならべて書《か》いてありますか。

持《も》ち手《て》の付《つ》いた小《ちい》さい赤《あか》いコップと、
持《も》ち手《て》のない 大き な ガラス のコップ。

19頁

言葉《ことば》の意味《いみ》が分《わ》かること (2)

名前

● 次《つぎ》の文章《ぶんしょう》を二回《にかい》読《よ》んで、答《こた》えましょう。

また、コップのような
形《かたち》をしていても、
花《か》びんとして作《つく》られたものが
あるかもしれません。
スープを入《い》れる皿《さら》にも、
コップに似《に》たものが
ありそうです。
㋐そう考《かんが》えると、
使《つか》い方《かた》も㋑理解《りかい》して
もらわなければなりません。

（令和二年度版　光村図書　国語　五　銀河　今井《いまい》　むつみ）

(1) ㋐そう考《かんが》えるとを説明《せつめい》した文です。□にあてはまる言葉《ことば》を書《か》きましょう。

コップのような 形 をしていても 花びん として作《つく》られたものがあるかもしれません。スープを入《い》れる 皿 にもコップに 似たもの がありそうです。

(2) そう考《かんが》えると、何《なに》も㋑理解《りかい》してもらわなければなりませんか。

使い方

20頁

言葉《ことば》の意味《いみ》が分《わ》かること (3)

名前

● 次《つぎ》の文章《ぶんしょう》を二回《にかい》読《よ》んで、答《こた》えましょう。

1

ここから分《わ》かるように、「コップ」という一《ひと》つの言葉《ことば》が指《さ》すものの中《なか》にも、色《いろ》や形《かたち》、大《おお》きさ、使《つか》い方《かた》など、㋐さまざまな特徴《とくちょう》をもったものがふくまれます。

つまり「コップ」の意味《いみ》には広《ひろ》がりがあるのです。

2

また、その広《ひろ》がりは、「皿《さら》」「わん」「湯《ゆ》のみ」「グラス」「カップ」といった他《ほか》の食器《しょっき》や、「花《か》びん」のような他《ほか》の似《に》たものを指《さ》す言葉《ことば》との関係《かんけい》で㋑決《き》まってくるのです。

（令和二年度版　光村図書　国語　五　銀河　今井《いまい》　むつみ）

1 「コップ」という一《ひと》つの言葉《ことば》が指《さ》すものの㋐さまざまな特徴《とくちょう》の例《れい》を、文中《ぶんちゅう》からさがして四《よっ》つ書《か》きましょう。

① 色
② 形
③ 大きさ
④ 使い方

2 「コップ」の意味《いみ》の広《ひろ》がりは、何《なに》で㋑決《き》まってきますか。

「皿《さら》」「わん」などの 他の食器 や、「花《か》びん」のような 他の似たもの を指《さ》す言葉《ことば》との 関係 で決《き》まってくる。

21頁

言葉《ことば》の意味《いみ》が分《わ》かること (4)

名前

● 次《つぎ》の文章《ぶんしょう》を二回《にかい》読《よ》んで、答《こた》えましょう。

1

一《ひと》つの言葉《ことば》がどこまで使《つか》えるのか、全《すべ》ての事物《じぶつ》を見《み》て、確《たし》かめることはできません。

だから、小《ちい》さな子《こ》どもは、㋐かぎられた例《れい》をもとに言葉《ことば》の意味《いみ》のはんいを自分《じぶん》で考《かんが》え、使《つか》っていきます。これは、簡単《かんたん》なことではありません。そのため、うまくいかなくて、よくおもしろい㋑まちがいをします。

2

㋒あるとき、こんな言《い》いまちがいに出会《であ》いました。

「歯《は》でくちびるをふんじゃった。」

この子《こ》は、

「歯《は》でくちびるをかんじゃった。」

と言《い》いたかったのです。

それなのに、どうしてこんな言《い》いまちがいをしたのでしょうか。

（令和二年度版　光村図書　国語　五　銀河　今井《いまい》　むつみ）

1

(1) ㋐かぎられた例《れい》をもとに言葉《ことば》の意味《いみ》のはんいを自分《じぶん》で考《かんが》え、使《つか》っていきますと同《おな》じ意味《いみ》を表《あらわ》す文《ぶん》に○をつけましょう。

(○) 小《ちい》さな子《こ》どもが体験《たいけん》したことをもとに言葉《ことば》の意味《いみ》を考《かんが》え、言葉《ことば》を使《つか》う。

(　) おとながしめした例《れい》をもとに言葉《ことば》の意味《いみ》を考《かんが》え、言葉《ことば》を使《つか》う。

(2) よくおもしろい㋑まちがいをするのは、だれですか。○をつけましょう。

(　) 大《おお》きなおとな
(○) 小《ちい》さな子《こ》ども

2

(1) ㋒こんな言《い》いまちがいとは、どんな言《い》いまちがいですか。次《つぎ》の文《ぶん》の——線《せん》を引《ひ》いた言葉《ことば》を、正《ただ》しい言葉《ことば》で書《か》きましょう。

・「歯《は》でくちびるをふんじゃった。」

かんじゃった

22頁

言葉《ことば》の意味《いみ》が分《わ》かること (5)

名前

● 次《つぎ》の文章《ぶんしょう》を二回《にかい》読《よ》んで、答《こた》えましょう。

1

よく考《かんが》えてみると、「ふむ」も「かむ」も、「あるものを上《うえ》からおしつける動作《どうさ》」なので、似《に》た意味《いみ》の言葉《ことば》であるといえます。

おそらく、この子《こ》は、「かむ」という言葉《ことば》を知《し》らず、その代《か》わりに、似《に》た場面《ばめん》で覚《おぼ》えた「ふむ」を使《つか》ったのでしょう。

2

つまり、この言《い》いまちがいの原因《げんいん》は、自分《じぶん》が覚《おぼ》えた言葉《ことば》を、別《べつ》の場面《ばめん》で使《つか》おうとしてうまくいかなかったことといえます。

言葉《ことば》の意味《いみ》のはんいを広《ひろ》げて使《つか》いすぎたのです。


（令和二年度版　光村図書　国語　五　銀河　今井《いまい》　むつみ）

1

(1) 「ふむ」も「かむ」も、どんな動作《どうさ》ですか。

あるもの を 上 から おしつける 動作《どうさ》。

(2) この子《こ》は、何《なん》という言葉《ことば》を知《し》らなかったのですか。

かむ という言葉《ことば》。

2

(1) 言《い》いまちがいの原因《げんいん》は、どんなことですか。

自分 が 覚えた言葉 を 別 の 場面 で使《つか》おうとしてうまくいかなかったこと。

23頁

竹取物語《たけとりものがたり》 (1)

名前

● 「竹取物語《たけとりものがたり》」の〈もとの文《ぶん》〉とその〈現代語訳《げんだいごやく》〉を二回《にかい》読《よ》んで、答《こた》えましょう。

竹取物語《たけとりものがたり》

〈もとの文《ぶん》〉

今《いま》は昔《むかし》、
㋐竹取《たけとり》の翁《おきな》といふ㋒ものありけり。
野山《のやま》に①まじりて
竹《たけ》を取《と》りつつ、
②よろづ㋓のことに
③使《つか》ひ㋑けり。
名《な》をば、
さぬきのみやつこ
となむ㋓いひける。

〈現代語訳《げんだいごやく》〉

昔《むかし》、
竹取《たけとり》の翁《おきな》とよばれる人《ひと》がいた。
翁《おきな》は、野山《のやま》に分《わ》け入《い》って
竹《たけ》を取《と》っては、
いろいろな物《もの》を作《つく》るのに
使《つか》っていた。
名前《なまえ》を
「さぬきのみやつこ」
といった。

※翁《おきな》…おじいさん

（令和二年度版　光村図書　国語　五　銀河「古典の世界（一）」による）

(1) ①②③の言葉《ことば》の意味《いみ》を、〈現代語訳《げんだいごやく》〉を読《よ》んで、次《つぎ》の下《した》から選《えら》んで——線《せん》で結《むす》びましょう。

① まじりて —— 分《わ》け入《い》って
② よろづ —— いろいろな
③ 使《つか》ひけり —— 使《つか》っていた

(2) ㋐竹取《たけとり》の翁《おきな》の名前《なまえ》を書《か》きましょう。

さぬきのみやつこ

※「竹取物語」の教材は、令和二年度版　東京書籍　新しい国語　五　令和二年度版　教育出版　ひろがる言葉　小学国語　五下　にも掲載されています。

本書の解答は，あくまでもひとつの例です。児童に取り組ませる前に，必ず指導される方が問題を解いてください。指導される方の作られた解答をもとに，児童の多様な考えに寄り添って○つけをお願いします。

24頁

竹取物語《たけとりものがたり》　(2)

名前

● 「竹取物語《たけとりものがたり》」の〈もとの文《ぶん》〉とその〈現代語訳《げんだいごやく》〉を二回読《にかいよ》んで、答《こた》えましょう。

竹取物語《たけとりものがたり》

〈もとの文《ぶん》〉

その竹《たけ》の中《なか》に、
①もと光《ひか》る竹《たけ》なむ(ん)
②一筋《ひとすじ》ありける。
③あやしがりて、
寄《よ》りて見《み》るに、
筒《つつ》の中光《なかひか》りたり。
それを見《み》れば、
㋐三寸《さんずん》ばかりなる人《ひと》、
㋑いとうつくしう(しゅう)てゐ(い)たり。

〈現代語訳《げんだいごやく》〉

ある日《ひ》のこと、その竹林《たけばやし》の中《なか》に、
根元《ねもと》の光《ひか》る竹《たけ》が
一本《いっぽん》あった。
不思議《ふしぎ》に思《おも》って、
近寄《ちかよ》って見《み》ると、
筒《つつ》の中《なか》が光《ひか》っている。
それを見《み》ると、
手《て》にのるぐらいの小《ち》さな人《ひと》が、
とてもかわいらしい様子《ようす》で
すわっていた。

（令和二年度版　光村図書　国語　五　銀河「古典の世界（一）」による）

(1) 〈現代語訳《げんだいごやく》〉を読《よ》んで、次《つぎ》の言葉《ことば》の意味《いみ》を、下《した》から選《えら》んで――線《せん》で結《むす》びましょう。

① もと光《ひか》る竹《たけ》なむ(ん)
② 一筋《ひとすじ》ありける
③ あやしがりて

- 不思議《ふしぎ》に思《おも》って
- 根元《ねもと》の光《ひか》る竹《たけ》が
- 一本《いっぽん》あった

(2) ㋐三寸《さんずん》ばかりなる人《ひと》は、〈現代語訳《げんだいごやく》〉にはどう書《か》かれていますか。

手にのるぐらいの**小さな**人《ひと》が、

(3) ㋑いとうつくしう(しゅう)てゐ(い)たりの現代語訳《げんだいごやく》を書《か》きましょう。

とてもかわいらしい様子ですわっていた。

※「竹取物語」の教材は、令和二年度版　東京書籍　新しい国語　五　令和二年度版　教育出版　ひろがる言葉　小学国語　五下　にも掲載されています。

24

25頁

平家物語《へいけものがたり》　(1)

名前

● 「平家物語《へいけものがたり》」の〈もとの文《ぶん》〉とその〈現代語訳《げんだいごやく》〉を二回読《にかいよ》んで、答《こた》えましょう。

〈もとの文《ぶん》〉

平家物語《へいけものがたり》

祇園精舎《ぎおんしょうじゃ》の鐘《かね》の声《こえ》、
①諸行無常《しょぎょうむじょう》の響《ひび》きあり。
沙羅双樹《しゃらそうじゅ》の花《はな》の色《いろ》、
②盛者必衰《じょうしゃひっすい》の
㋐理《ことわり》をあらはす(わ)。

〈現代語訳《げんだいごやく》〉

祇園精舎《ぎおんしょうじゃ》の鐘《かね》の音《おと》は、
「全《すべ》ての物事《ものごと》は移《うつ》り変《か》わる」と
いうことを人《ひと》に思《おも》い起《お》こさせる
響《ひび》きがある。
沙羅双樹《しゃらそうじゅ》の花《はな》のすがたは、
いきおいのさかんな者《もの》も
いつかはおとろえるという
道理《どうり》をしめしている。

※祇園精舎《ぎおんしょうじゃ》…釈迦《しゃか》のためにたてられた昔《むかし》インドにあった寺《てら》の名前《なまえ》。
※沙羅双樹《しゃらそうじゅ》…常緑《じょうりょく》の高木《こうぼく》。釈迦《しゃか》がなくなるとき、花《はな》がかれて真《ま》っ白《しろ》になったといわれる。
※道理《どうり》…物事《ものごと》の正《ただ》しいすじ道《みち》。理由《りゆう》。

（令和二年度版　光村図書　国語　五　銀河「古典の世界（一）」による）

(1) 次の①と②の言葉《ことば》を読《よ》みましょう。言葉《ことば》の意味《いみ》を、後《あと》の□から選《えら》んで( )にアかイの文字《もじ》を書《か》きましょう。

① 諸行無常《しょぎょうむじょう》（**イ**）
② 盛者必衰《じょうしゃひっすい》（**ア**）

ア　いきおいのさかんな者《もの》もいつかはおとろえる。
イ　全《すべ》ての物事《ものごと》は移《うつ》り変《か》わる。

(2) 〈現代語訳《げんだいごやく》〉を読《よ》んで、平家物語《へいけものがたり》の〈もとの文《ぶん》〉の㋐理《ことわり》をあらはす(わ)の言葉《ことば》の意味《いみ》が正《ただ》しい方《ほう》に、○をつけましょう。

( ) 「いりません。」と、不要《ふよう》であることを伝《つた》える。
(○) 道理《どうり》（物事《ものごと》の正《ただ》しいすじ道《みち》）をしめしている。

※「平家物語」の教材は、令和二年度版　東京書籍　新しい国語　五　令和二年度版　教育出版　ひろがる言葉　小学国語　五下　にも掲載されています。

25

26頁

平家物語《へいけものがたり》　(2)

名前

● 「平家物語《へいけものがたり》」の〈もとの文《ぶん》〉とその〈現代語訳《げんだいごやく》〉を二回読《にかいよ》んで、答《こた》えましょう。

〈もとの文《ぶん》〉

おごれる人《ひと》も㋐久《ひさ》しからず、
ただ春《はる》の夜《よ》の夢《ゆめ》のごとし。
㋑たけき者《もの》もつひ(い)には滅《ほろ》びぬ、
ひとへ(え)に風《かぜ》の前《まえ》の塵《ちり》に同《おな》じ。

〈現代語訳《げんだいごやく》〉

おごり高《たか》ぶる人《ひと》も長《なが》くは続《つづ》かず、
ただ春《はる》の夜《よ》の夢《ゆめ》のように㋒はかない。
強《つよ》い者《もの》も最後《さいご》には滅《ほろ》びる。
まさに風《かぜ》にふき飛《と》ぶ
塵《ちり》と同《おな》じである。

※おごる…思《おも》い上《あ》がって、わがままにふるまう。

（令和二年度版　光村図書　国語　五　銀河「古典の世界（一）」による）

(1) 平家物語《へいけものがたり》の〈もとの文《ぶん》〉に、㋐久《ひさ》しからずとありますが、〈現代語訳《ごやく》〉を読《よ》んで、言葉《ことば》の意味《いみ》が正《ただ》しい方《ほう》に○をつけましょう。

(○) 長《なが》くは続《つづ》かないこと。
( ) 久《ひさ》しぶりに会《あ》えること。

(2) 〈もとの文《ぶん》〉の、㋑たけき者《もの》もつひ(い)には滅《ほろ》びぬは、〈現代語訳《げんだいごやく》〉ではどう書《か》かれていますか。□に言葉《ことば》を書《か》きましょう。

強い者も**最後**には滅《ほろ》びる。

(3) 〈現代語訳《げんだいごやく》〉に、㋒はかないとありますが、言葉《ことば》の意味《いみ》が正《ただ》しい方《ほう》に○をつけましょう。

( ) 下着《したぎ》やズボンなどを、はかないこと。
(○) あわくてすぐに消《き》えやすいこと。

※「平家物語」の教材は、令和二年度版　東京書籍　新しい国語　五　令和二年度版　教育出版　ひろがる言葉　小学国語　五下　にも掲載されています。

26

27頁

徒然草《つれづれぐさ》

名前

● 「徒然草《つれづれぐさ》」の〈もとの文《ぶん》〉を二回読《にかいよ》んで、文《ぶん》に合《あ》う〈現代語訳《げんだいごやく》〉を下《した》から選《えら》び――線《せん》で結《むす》びましょう。

徒然草《つれづれぐさ》

兼好法師《けんこうほうし》

〈もとの文《ぶん》〉

つれづれなるままに、
日暮《ひぐ》らし、
硯《すずり》に向《む》かひ(い)て、
心《こころ》にうつりゆく
①よしなし事《ごと》を、
②そこはかとなく
書《か》きつくれば、
③あやしう(しゅう)こそ
ものぐるほ(お)しけれ。

〈現代語訳《げんだいごやく》〉

一日中《いちにちじゅう》、
硯《すずり》に向《む》かいながら、
㋐することがなく、
たいくつであるのに任《まか》せて、
心《こころ》に次々《つぎつぎ》とうかんでは消《き》えていく、
なんという当《あ》てもなく
とりとめもないことを、
落《お》ち着《つ》いていられない。
書《か》き付《つ》けていると、
みょうに心《こころ》がみだれて、

（令和二年度版　光村図書　国語　五　銀河「古典の世界（一）」による）

(1) 〈現代語訳《げんだいごやく》〉の㋐することがなく、たいくつであるのに任《まか》せてを〈もとの文《ぶん》〉の言葉《ことば》で書《か》きましょう。

つれづれなるままに

(2) 次《つぎ》の〈もとの文《ぶん》〉の言葉《ことば》の意味《いみ》を、下《した》から選《えら》んで――線《せん》で結《むす》びましょう。

① よしなし事《こと》
② そこはかとなく
③ あやしう(しゅう)こそ

- みょうに心《こころ》がみだれて
- とりとめもないこと
- なんという当《あ》てもなく

※「徒然草」の教材は、令和二年度版　東京書籍　新しい国語　五　にも掲載されています。

27

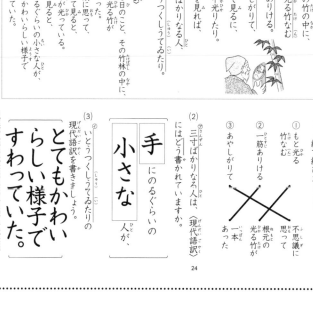

28頁 おくのほそ道《みち》

●「おくのほそ道《みち》」の〈もとの文《ぶん》〉を二回《にかい》読《よ》んで、文《ぶん》に合《あ》う〈現代語訳《げんだいごやく》〉を下《した》から選《えら》び——線《せん》で結《むす》びましょう。

名前

おくのほそ道 松尾《まつお》芭蕉《ばしょう》

〈もとの文〉

㋐月日《つきひ》は百代《はくたい》の過客《かかく》にして、
行《ゆ》きかふ年《とし》も
また旅人《たびびと》なり。
舟《ふね》の上《うえ》に
生涯《しょうがい》を浮《う》かべ、
馬《うま》の口《くち》とらへて
老《お》いを迎《むか》ふる者《もの》は、
日々《ひび》旅《たび》にして
旅《たび》をすみかとす。

〈現代語訳〉

過《す》ぎ去《さ》っては新《あたら》しくやって来《く》る年《とし》もまた旅人《たびびと》に似《に》ている。
月日《つきひ》は永遠《えいえん》に旅《たび》を続《つづ》ける旅人《たびびと》のようなものであり、
馬《うま》のくつわを取《と》って老年《ろうねん》をむかえる馬子《まご》などは、
毎日毎日《まいにちまいにち》が旅《たび》であって、
一生《いっしょう》を舟《ふね》の上《うえ》でくらす船頭《せんどう》や、
旅《たび》そのものを自分《じぶん》のすみかとしている。

※馬子《まご》…馬《うま》をひいて、人《ひと》や荷物《にもつ》を運《はこ》ぶ仕事《しごと》をする人《ひと》

(1) おくのほそ道の〈もとの文〉、㋐月日《つきひ》は百代《はくたい》の過客《かかく》にしてという文《ぶん》の意味《いみ》を、〈現代語訳《げんだいごやく》〉からさがして書きましょう。

月日は永遠《えいえん》に 旅 を続《つづ》ける 旅人 のようなものであり、

(2) 次《つぎ》の言葉《ことば》と合《あ》う職業《しょくぎょう》を、下《した》から選《えら》んで——線《せん》で結《むす》びましょう。

① 舟《ふね》の上《うえ》に生涯《しょうがい》を浮《う》かべ — 船頭《せんどう》
② 馬《うま》の口《くち》とらへて老《お》いを迎《むか》ふる者《もの》 — 馬子《まご》

(令和二年度版 光村図書 国語 五 銀河「古典の世界（一）」による)
※「おくのほそ道」の教材は、令和二年度版 東京書籍 新しい国語 五 にも掲載されています。

28

29頁 枕草子《まくらのそうし》 (1)

●作者《さくしゃ》の清少納言《せいしょうなごん》が心《こころ》に感《かん》じたことを自由《じゆう》に書《か》き記《しる》した「枕草子《まくらのそうし》」の〈もとの文《ぶん》〉とその〈現代語訳《げんだいごやく》〉を二回《にかい》読《よ》んで、答《こた》えましょう。

名前

〈もとの文〉

春《はる》はあけぼの。
やうやう白《しろ》くなりゆく
山《やま》ぎは、
すこしあかりて、
紫《むらさき》だちたる雲《くも》の
ほそくたなびきたる。

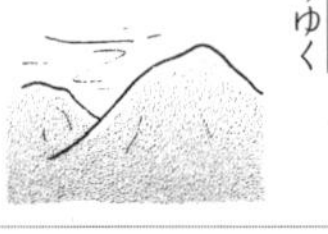

〈現代語訳〉

春《はる》は明《あ》け方《がた》がよい。
だんだん白《しろ》くなっていく
山《やま》ぎわの空《そら》が、
少《すこ》し明《あか》るくなって、
紫《むらさき》がかった雲《くも》が
細《ほそ》くたなびいているのがよい。

(1) 清少納言《せいしょうなごん》は、春《はる》はいつがよいと言ってますか。〈もとの文〉から書き出しましょう。

春《はる》は あけぼの 。

(2) やうやう白《しろ》くなりゆくの、現代語訳《げんだいごやく》を書きましょう。

だんだん白《しろ》くなっていく

(3) 作者《さくしゃ》が、次《つぎ》の色《いろ》で表《あらわ》しているものは何《なん》ですか。——線《せん》で結《むす》びましょう。

① 白《しろ》 — 山《やま》ぎわの空《そら》の色《いろ》
② 紫《むらさき》 — 細《ほそ》くたなびく雲《くも》の色《いろ》

(令和二年度版 光村図書 国語 五 銀河「春の空」による)
※「枕草子」の教材は、令和二年度版 東京書籍 新しい国語 五 にも掲載されています。

29

30頁 枕草子《まくらのそうし》 (2)

●「枕草子《まくらのそうし》」（清少納言《せいしょうなごん》）の〈もとの文《ぶん》〉とその〈現代語訳《げんだいごやく》〉を二回《にかい》読《よ》んで、答《こた》えましょう。

名前

〈もとの文〉

夏《なつ》は夜《よる》。
月《つき》のころはさらなり、①
闇《やみ》もなほ、
蛍《ほたる》の多《おお》く飛《と》びちがひたる。
また、ただ一《ひと》つ二《ふた》つなど、
ほのかにうち光《ひか》りて
行《ゆ》くも
②をかし。
雨《あめ》など降《ふ》るもをかし。

〈現代語訳〉

夏《なつ》は夜《よる》がよい。
月《つき》のころは言《い》うまでもないが、
月《つき》のない闇夜《やみよ》でもやはり、
蛍《ほたる》がたくさん飛《と》びかっているのはよい。
ただ一《いっ》ぴき二《に》ひきと、
かすかに光《ひか》りながら
飛《と》んでいくのも、
しみじみとしてよい。
雨《あめ》などが降《ふ》るのもよいものである。

(1) 作者《さくしゃ》は、夏《なつ》は朝《あさ》・昼《ひる》・夜《よる》のうち、いつがよいと言っていますか。

夜

(2) 作者《さくしゃ》は夏《なつ》の夜《よる》の、どのような様子《ようす》がよいと言っていますか。四《よっ》つに○をつけましょう。

(○) 月《つき》のころがよい。
(○) 闇夜《やみよ》に蛍《ほたる》がたくさん飛《と》びかっているのはよい。
( ) 明《あ》け方《がた》がよい。
(○) 雨《あめ》などが降《ふ》るのもよい。
(○) 蛍《ほたる》が一《いっ》ぴき二《に》ひきと、かすかに光《ひか》りながら飛《と》んでいくのもよい。

(3) 次《つぎ》の言葉《ことば》の意味《いみ》を下《した》から選《えら》んで——線《せん》で結《むす》びましょう。

① さらなり — 言《い》うまでもない
② をかし — しみじみとしてよい

(令和二年度版 光村図書 国語 五 銀河「夏の夜」による)
※「枕草子」の教材は、令和二年度版 東京書籍 新しい国語 五 にも掲載されています。

30

31頁 枕草子《まくらのそうし》 (3)-①

●「枕草子《まくらのそうし》」（清少納言《せいしょうなごん》）の〈もとの文《ぶん》〉とその〈現代語訳《げんだいごやく》〉を二回《にかい》読《よ》んで、答《こた》えましょう。

名前

〈もとの文〉

秋《あき》は夕暮《ゆうぐ》れ。
夕日《ゆうひ》のさして
㋐山《やま》の端《は》いと近《ちこ》うなりたるに、
烏《からす》の寝《ね》どころへ行《ゆ》くとて、①
三《み》つ四《よ》つ、二《ふた》つ三《み》つなど、
飛《と》びいそぐさへ
㋑あはれなり。
②まいて雁《かり》などのつらねたるが、
③いと小《ちい》さく見《み》ゆるは
㋒いとをかし。
㋓日入《ひい》り果《は》てて、
風《かぜ》の音《おと》、虫《むし》の音《ね》など、
㋔はた言《い》ふべきにあらず。

〈現代語訳〉

秋《あき》は夕暮《ゆうぐ》れがよい。
夕日《ゆうひ》が差《さ》して、
山《やま》にとても近《ちか》くなったころに、
烏《からす》がねぐらに行《い》こうとして、
三羽四羽《さんわよんわ》、二羽三羽《にわさんわ》などと、
急《いそ》いで飛《と》んでいく様子《ようす》まで
しみじみとしたものを感《かん》じさせる。
まして、雁《かり》などが列《れつ》を作《つく》っているのが、
とても小《ちい》さく見《み》えるのは、
たいへん味《あじ》わい深《ぶか》いものだ。
日《ひ》がすっかりしずんでしまって、
風《かぜ》の音《おと》や虫《むし》の音《ね》などがするのも、
言《い》い表《あらわ》しようがなくよいものだ。

(令和二年度版 光村図書 国語 五 銀河「秋の夕暮れ」による)
※「枕草子」の教材は、令和二年度版 東京書籍 新しい国語 五 にも掲載されています。

31

解答例

本書の解答は，あくまでもひとつの例です。児童に取り組ませる前に，必ず指導される方が問題を解いてください。指導される方の作られた解答をもとに，児童の多様な考えに寄り添って○つけをお願いします。

32頁

枕草子《まくらのそうし》 (3)－②

名前

● 枕草子《まくらのそうし》(3)－①の〈もとの文《ぶん》〉と、〈現代語訳《げんだいごやく》〉を二回《にかい》読《よ》んで答《こた》えましょう。

(1) 〈もとの文《ぶん》〉次《つぎ》の言葉《ことば》の意味《いみ》を、下《した》から選《えら》んで――線《せん》で結《むす》びましょう。

① ねどころ	ねぐら
② まいて	まして
③ いと	とても

(2) ㋐山《やま》の端《は》いと近《ちこ》うなりたるにの現代語訳《げんだいごやく》を書《か》きましょう。

〔 **山にとても近くなった** ころに、 〕

(3) ㋑あはれ《わ》なりの現代語訳《げんだいごやく》を書《か》きましょう。

〔 **しみじみ** としたものを感《かん》じさせる。 〕

(4) ㋒いとをかし《お》の現代語訳《げんだいごやく》を書《か》きましょう。

〔 たいへん **味わい深い** ものだ。 〕

(5) ㋓日《ひ》いり果《は》てての現代語訳《げんだいごやく》を書《か》きましょう。

〔 **日** がすっかり **しずんで** しまって、 〕

(6) ㋔はた言《い》ふ《う》べきにあらずの現代語訳《げんだいごやく》を書《か》きましょう。

〔 **言い表しようがなくよいものだ。** 〕

33頁

枕草子《まくらのそうし》 (4)－①

名前

● 「枕草子《まくらのそうし》」（清少納言《せいしょうなごん》）の〈もとの文《ぶん》〉を二回《にかい》読《よ》んで、文《ぶん》に合《あ》う〈現代語訳《げんだいごやく》〉を下《した》から選《えら》び――線《せん》で結《むす》びましょう。

〈もとの文《ぶん》〉

㋐冬《ふゆ》はつとめて。
雪《ゆき》の降《ふ》りたるは
言《い》ふ《う》べきにもあらず、
霜《しも》のいと白《しろ》きも、
㋑またさらでも
いと寒《さむ》きに、
火《ひ》などいそぎおこして、
炭《すみ》もてわたるも
㋒いとつきづきし。
昼《ひる》になりて、
㋓ぬるくゆるびもていけば、
火桶《ひおけ》の火《ひ》も
白《しろ》き灰《はい》がちになりて
㋔わろし。

〈現代語訳《げんだいごやく》〉

もとの文	現代語訳
㋐冬はつとめて。	冬《ふゆ》は早朝《そうちょう》がよい。
雪の降りたるは言ふべきにもあらず、	雪《ゆき》が降《ふ》っているのは言《い》うまでもない。
霜のいと白きも、	霜《しも》が真《ま》っ白《しろ》なのも、
㋑またさらでも	またそうでなくても、
いと寒きに、	とても寒《さむ》いときに、
火などいそぎおこして、炭もてわたるも	火《ひ》などを急《いそ》いでおこして、炭《すみ》を持《も》ち運《はこ》ぶ様子《ようす》も、
㋒いとつきづきし。	たいへん冬《ふゆ》らしい。
昼になりて、	昼《ひる》になって、
㋓ぬるくゆるびもていけば、	寒《さむ》さがやわらいでくると、
火桶の火も	火桶《ひおけ》の中《なか》の火《ひ》も
白き灰がちになりて	白《しろ》い灰《はい》が多《おお》くなってきて、
㋔わろし。	よくない。

（令和二年度版　光村図書　国語　五　銀河「冬の朝」による）

※「枕草子」の教材は，令和二年度版　東京書籍　新しい国語　五　にも掲載されています。

34頁

枕草子《まくらのそうし》 (4)－②

名前

● 枕草子《まくらのそうし》(4)－①の〈もとの文《ぶん》〉と、もとの文《ぶん》に合《あ》う〈現代語訳《げんだいごやく》〉を二回《にかい》読《よ》んで、答《こた》えましょう。

(1) ㋐冬《ふゆ》はつとめての現代語訳《げんだいごやく》を書《か》きましょう。

〔 **冬** は **早朝** がよい。 〕

(2) ㋑またさらでもの現代語訳《げんだいごやく》を書《か》きましょう。

〔 また **そう** でなくても 〕

(3) ㋒いとつきづきしの現代語訳《げんだいごやく》です。正《ただ》しい方《ほう》に○をつけましょう。

（　）とても寒《さむ》いときに
（○）たいへん冬《ふゆ》らしい。

(4) ㋓ぬるくゆるびもていけば、の現代語訳《げんだいごやく》を書《か》きましょう。

〔 寒《さむ》さが **やわらいで** くると、 〕

(5) ㋔わろしの現代語訳《げんだいごやく》を書《か》きましょう。

〔 **よくない** 〕

35頁

カレーライス (1)

名前

● 次《つぎ》の文章《ぶんしょう》を二回《にかい》読《よ》んで、答《こた》えましょう。

1

ぼくは悪《わる》くない。
だから、絶対《ぜったい》に
「ごめんなさい。」は言《い》わない。
言《い》うもんか、お父《とう》さんなんかに。
㋐「いいかげんに意地《いじ》を張《は》るのは
やめなさいよ。」
お母《かあ》さんはあきれ顔《がお》で言《い》うけど、
あやまる気《き》はない。先《さき》に
あやまるのはお父《とう》さんのほうだ。

2

確《たし》かに、一日三十分《いちにちさんじゅっぷん》の㋐約束《やくそく》を
破《やぶ》って、夕食《ゆうしょく》が終《お》わった後《あと》も
ゲームをしていたのは、
よくなかった。だけど、セーブも
させないで、いきなりゲーム機《き》の
コードをぬいて電源《でんげん》を
切《き》っちゃうのは、
いくらなんでも
㋑ひどいじゃないか。

※セーブ…コンピューターやテレビゲームのそうさの途中《ちゅう》や最後《さいご》で、それまでにおこなった内容《ないよう》をほぞんすること。

（令和二年度版　光村図書　国語　五　銀河　重松《しげまつ》　清《きよし》）

1

(1) ぼくは、なぜ「ごめんなさい。」を言《い》わないのですか。

〔 **ぼくは悪くない** と、思《おも》っているから。 〕

(2) ㋐の言葉《ことば》はだれが言《い》った言葉《ことば》ですか。

〔 **お母さん** 〕

2

(1) ぼくは、どんな㋐約束《やくそく》を破《やぶ》りましたか。

〔 **ゲーム** は一日《いちにち》 **三十分** 〕

(2) お父《とう》さんがした㋑ひどいことは、何《なん》ですか。○をつけましょう。

（　）夕食《ゆうしょく》が終《お》わった後《あと》に、お父《とう》さんが一人《ひとり》でゲームをしていたこと。
（○）セーブもさせないで、いきなりゲーム機《き》のコードをぬいて電源《でんげん》を切《き》ったこと。

36頁 カレーライス (2)

名前

● 次《つぎ》の文章《ぶんしょう》を二回《にかい》読《よ》んで、答《こた》えましょう。

登場人物《とうじょうじんぶつ》 ひろし（ぼく）

1

朝食《ちょうしょく》を終《お》えて自分《じぶん》の部屋《へや》にもどったら、ランドセルの下《した》に㋐手紙《てがみ》が置《お》いてあった。

「お父《とう》さんとまだ口《くち》をきいてないの。お父《とう》さん、さびしがっていましたよ。」

絵《え》の得意《とくい》なお母《かあ》さんは、しょんぼりするお父《とう》さんの㋑似顔絵《にがおえ》を手紙《てがみ》にそえていた。

2

学校《がっこう》にいる間《あいだ》、何度《なんど》も心《こころ》の中《なか》で㋒練習《れんしゅう》した。

お父《とう》さん、この前《まえ》はごめんなさい――。

言《い》える言《い》える、だいじょうぶだいじょうぶ、と自分《じぶん》を元気《げんき》づけた。

「うげえっ、そんなの言《い》うのってかっこ悪《わる》いよ。」と㋓自分《じぶん》を冷《ひ》やかす自分《じぶん》も、むねのおくのどこかにいるんだけど。

（令和二年度版　光村図書　国語　五　銀河　重松《しげまつ》　清《きよし》）

1

(1) ランドセルの下《した》の㋐手紙《てがみ》は、だれが書《か》きましたか。

［お母さん］

(2) 手紙《てがみ》には、どんな様子《ようす》のお父《とう》さんの㋑似顔絵《にがおえ》がそえられていましたか。

［しょんぼり するお父《とう》さんの似顔絵《にがおえ》］

2

(1) 学校《がっこう》にいる間《あいだ》、㋒練習《れんしゅう》した言葉《ことば》を書《か》きましょう。

［お父さん、この前《まえ》は ごめんなさい ――。］

(2) ㋓自分《じぶん》を冷《ひ》やかす自分《じぶん》とは、どんなひろしのことですか。○をつけましょう。

（　）だいじょうぶだいじょうぶと自分《じぶん》をはげますひろし。

（○）そんなの言《い》うのってかっこ悪《わる》いよ。と自分《じぶん》を冷《ひ》やかすひろし。

37頁 カレーライス (3)

名前

● 次《つぎ》の文章《ぶんしょう》を二回《にかい》読《よ》んで、答《こた》えましょう。

登場人物《とうじょうじんぶつ》 ひろし（ぼく）・お父《とう》さん

1

夕方《ゆうがた》、家《いえ》に帰《かえ》ると、お父《とう》さんがいた。

「かぜ、ひいちゃったよ。熱《ねつ》があるから、会社《かいしゃ》を早退《そうたい》して、さっき帰《かえ》ってきたんだ。」

パジャマすがたで居間《いま》に出《で》てきたお父《とう》さんは、本当《ほんとう》に具合《ぐあい》が悪《わる》そうだった。声《こえ》はしわがれて、せきも出《で》ている。

2

「晩《ばん》ご飯《はん》、今夜《こんや》は弁当《べんとう》だな。」

お父《とう》さんがそう言《い》ったとき、㋐思《おも》わず、ぼくは答《こた》えていた。

「何《なに》か作《つく》るよ。ぼく、作《つく》れるから。」

「えっ。」

「だいじょうぶ、作《つく》れるもん。」

お父《とう》さんは、㋑きょとんとしていた。でも、いちばん㋒おどろいているのは、ぼく自身《じしん》だ。

（令和二年度版　光村図書　国語　五　銀河　重松《しげまつ》　清《きよし》）

1

(1) 夕方《ゆうがた》、家《いえ》に帰《かえ》ると、だれがいましたか。

［お父さん］

(2) お父《とう》さんはどんな様子《ようす》でしたか。三《みっ》つに○をつけましょう。

（○）声《こえ》がしわがれている。

（　）スーツを着《き》ている。

（○）熱《ねつ》がある。

（○）せきも出《で》ている。

2

(1) ぼくは、㋐思《おも》わず、何《なん》と答《こた》えていましたか。

［何か作るよ。ぼく、作《つく》れるから。］

(2) ㋑きょとんとしたのは、だれですか。

［お父さん］

(3) いちばん㋒おどろいているのは、だれですか。

［ぼく 自身《じしん》。］

38頁 カレーライス (4)

名前

● 次《つぎ》の文章《ぶんしょう》を二回《にかい》読《よ》んで、答《こた》えましょう。

登場人物《とうじょうじんぶつ》 ひろし（ぼく）・お父《とう》さん

1

㋮「家《いえ》で作《つく》ったご飯《はん》のほうが栄養《えいよう》あるから、かぜも治《なお》るから。」

なんて、全然《ぜんぜん》言《い》うつもりじゃなかったのに。

㋑「いや、でも―。」

と言《い》いかけたお父《とう》さんは、少《すこ》し考《かんが》えてから、まあいいか、と笑《わら》った。

㋒「お父《とう》さんも手伝《てつだ》うから。で、何《なに》を作《つく》るんだ。」

2

答《こた》えは、今度《こんど》も、考《かんが》えるより先《さき》に出《で》た。

「カレー。」

「だって、おまえ、カレーって、ゆうべもおとといも――。」

㋓「でもカレーなの。いいからカレーなの。絶対《ぜったい》にカレーなの。」

子《こ》どもみたいに大《おお》きな声《こえ》で言《い》い張《は》った。㋐ほっぺたが急《きゅう》に熱《あつ》くなった。

（令和二年度版　光村図書　国語　五　銀河　重松《しげまつ》　清《きよし》）

1

(1) ㋮と㋑と㋒の言葉《ことば》はそれぞれ、だれが言《い》いましたか。

㋮［ひろし（ぼく）］

㋑［お父さん］

㋒［お父さん］

2

(1) ㋓の言葉《ことば》の中《なか》でひろしは、「カレー」という言葉《ことば》を、何回《なんかい》言《い》いましたか。

［三 回《かい》］

(2) ㋐ほっぺたが急《きゅう》に熱《あつ》くなったのはだれですか。

［ひろし］

39頁 カレーライス (5)

名前

● 次《つぎ》の文章《ぶんしょう》を二回《にかい》読《よ》んで、答《こた》えましょう。

登場人物《とうじょうじんぶつ》 ひろし（ぼく）・お父《とう》さん

1

「じゃあ、カレーでいいか。」

お父《とう》さんは笑《わら》って、台所《だいどころ》の戸《と》だなを開《あ》けた。

㋐「おととい買《か》ってきたルウが残《のこ》ってるから、それ使《つか》えよ。」

戸《と》だなから取《と》り出《だ》したのは――甘口《あまくち》。お子《こ》さま向《む》けの、うんとあまいやつ。

お母《かあ》さんが、

「ひろしはこっちね。」

と、ぼくの分《ぶん》だけ別《べつ》のなべでカレーを作《つく》っていた低学年《ていがくねん》のころは、ルウは㋑いつもこれだった。

2

「だめだよ、こんなのじゃ。」

ぼくは戸《と》だなの別《べつ》の場所《ばしょ》から、㋒お母《かあ》さんが買《か》い置《お》きしているルウを出《だ》した。

「だって、ひろし、それ『中辛《ちゅうから》』だぞ。からいんだぞ、口《くち》の中《なか》ひいひいしちゃうぞ。」

㋮「何《なに》言《い》ってんの、お母《かあ》さんと二人《ふたり》のときは、いつもこれだよ。」

お父《とう》さんは、またきょとんとした顔《かお》になった。

（令和二年度版　光村図書　国語　五　銀河　重松《しげまつ》　清《きよし》）

1

(1) お父《とう》さんが㋐おととい買《か》ってきたルウは、どんなルウですか。○をつけましょう。

（○）甘口《あまくち》

（　）辛口《からくち》

(2) お父《とう》さんが買《か》ってきたルウは、いつごろ㋑いつも使《つか》っていましたか。

［ぼくの分《ぶん》だけ別《べつ》のなべでカレーを作《つく》っていた 低学年 のころ。］

2

(1) ㋒お母《かあ》さんが買《か》い置《お》きしているルウは、どんなルウですか。○をつけましょう。

（　）甘口《あまくち》

（○）中辛《ちゅうから》

(2) ひろしが言《い》った㋮の言葉《ことば》を聞《き》いてお父《とう》さんは、どんな顔《かお》になりましたか。

［お父《とう》さんは、また きょとん とした顔《かお》になった。］

本書の解答は，あくまでもひとつの例です。児童に取り組ませる前に，必ず指導される方が問題を解いてください。指導される方の作られた解答をもとに，児童の多様な考えに寄り添って○つけをお願いします。

40頁

カレーライス (6)

● 次《つぎ》の文章《ぶんしょう》を二回《にかい》読《よ》んで、答《こた》えましょう。

名前

登場人物《とうじょうじんぶつ》 ひろし（ぼく）・お父《とう》さん

「おまえ、もう『中辛《ちゅうから》』なのか。」
㋐意外《いがい》そうに、㋑半信半疑《はんしんはんぎ》で
きいてくる。
ああ、もう、これだよ。
お父《とう》さんって、なあんにも
㋒分《わ》かってないんだから。
あきれた。うんざりした。
でも、
「そうかあ、ひろしも『中辛《ちゅうから》』
なのかあ、そうかそうか。」
と、うれしそうに何度《なんど》も
うなずくお父《とう》さんを見《み》ていると、
なんだか ㋓こっちまで
うれしくなってきた。

（令和二年度版 光村図書 国語 五 銀河 重松 清）

(1) お父《とう》さんはどんなことが、㋐意外《いがい》なのですか。

ひろしが、もう『中辛』だということ。

(2) ㋑半信半疑《はんしんはんぎ》とは、どういう意味《いみ》ですか。○をつけましょう。

(○) 本当《ほんとう》かどうか、うたがっている。
( ) なっとくしている。

(3) ㋒分《わ》かってないお父《とう》さんに、ひろしはどんな気持《きも》ちになりましたか。二《ふた》つ書《か》きましょう。

あきれた。
うんざりした。

(4) ㋓こっちまでうれしくなってきたのは、だれですか。

ひろし

41頁

カレーライス (7)

● 次《つぎ》の文章《ぶんしょう》を二回《にかい》読《よ》んで、答《こた》えましょう。

名前

登場人物《とうじょうじんぶつ》 ひろし（ぼく）・お父《とう》さん

1
㋐二人《ふたり》で作《つく》ったカレーライスが
できあがった。
野菜担当《やさいたんとう》のお父《とう》さんが切《き》った
じゃがいもやにんじんは、
やっぱり不格好《ぶかっこう》だったけど、
しんが残《のこ》らないようにしっかり
にこんだ。台所《だいどころ》にカレーの
香《かお》りがぷうんとただよう。
㋑カレーはこうでなくっちゃ。

2
お父《とう》さんは、ずっとごきげん
だった。
「いやあ、まいったなあ。ひろしも
もう『中辛《ちゅうから》』だったんだなあ。
そうだよなあ、来年《らいねん》から
中学生《ちゅうがくせい》なんだもんなあ。」
と、一人《ひとり》でしゃべって、
「かぜも治《なお》っちゃったよ。」
と笑《わら》って、
思《おも》いっ切《き》り ㋒大《おお》もりに
ご飯《はん》をよそった。

（令和二年度版 光村図書 国語 五 銀河 重松 清）

1
(1) ㋐二人《ふたり》で作《つく》ったカレーライスとありますが、だれとだれが作《つく》りましたか。二人《ふたり》書《か》きましょう。

お父さん
ひろし

(2) ㋑カレーはこうでなくっちゃ。と思《おも》ったのは、だれですか。

ひろし

2
(1) お父《とう》さんは、ずっと、どんな様子《ようす》でしたか。

ごきげんだった。

(2) ㋒大《おお》もりにご飯《はん》をよそったのは、だれですか。

お父さん

42頁

カレーライス (8)

● 次《つぎ》の文章《ぶんしょう》を二回《にかい》読《よ》んで、答《こた》えましょう。

名前

登場人物《とうじょうじんぶつ》 ひろし（ぼく）・お父《とう》さん

食卓《しょくたく》に向《む》き合《あ》ってすわった。
「ごめんなさい。」は
㋐言《い》えなかったけど、お父《とう》さんは
ごきげんだし、
「今度《こんど》は別《べつ》の料理《りょうり》も二人《ふたり》で
作《つく》ろうか。」と ㋑約束《やくそく》したし、
残《のこ》り半分《はんぶん》になった今月《こんげつ》の
「お父《とう》さんウィーク」は、
いつもよりちょっと楽《たの》しく
過《す》ごせそうだ。
「じゃあ、いただきまあす。」
㋒口《くち》を大《おお》きく開《あ》けてカレーを
ほお張《ば》った。
㋓ぼくたちの
特製《とくせい》カレーは、
ぴりっとからくて、
でも、ほんのり
あまかった。

（令和二年度版 光村図書 国語 五 銀河 重松 清）

(1) ㋐ぼくが言《い》えなかった言葉《ことば》は、何《なん》ですか。

ごめんなさい

(2) ㋑どんな約束《やくそく》をしましたか。

「今度《こんど》は別《べつ》の料理《りょうり》も 二人で作ろうか」と約束《やくそく》した。

(3) ㋒口《くち》を大《おお》きく開《あ》けてカレーをほお張《ば》ったのはだれですか。

ひろし

(4) ㋓ぼくたちの特製《とくせい》カレーは、どんなカレーでしたか。

ぴりっと からくて、
でも、ほんのり あまかった。

43頁

からたちの花《はな》

● 次《つぎ》の詩《し》を二回《にかい》読《よ》んで、答《こた》えましょう。

名前

からたちの花《はな》

北原《きたはら》 白秋《はくしゅう》

1
からたちの花《はな》が咲《さ》いたよ。
白《しろ》い白《しろ》い花《はな》が咲《さ》いたよ。

2
からたちのとげはいたいよ。
青《あお》い青《あお》い針《はり》のとげだよ。

3
からたちは畑《はた》の垣根《かきね》よ。
いつもいつもとおる道《みち》だよ。

4
からたちも秋《あき》はみのるよ。
まろいまろい金《きん》のたまだよ。

5
からたちのそばで泣《な》いたよ。
みんなみんなやさしかったよ。

6
からたちの花《はな》が咲《さ》いたよ。
白《しろ》い白《しろ》い花《はな》が咲《さ》いたよ。

（令和二年度版 光村図書 国語 五 銀河 北原 白秋）

(1) この詩《し》は、何連《なんれん》でできていますか。

六 連《れん》

(2) それぞれの連《れん》の、はじめの言葉《ことば》を書《か》きましょう。

からたち

(3) それぞれの連《れん》の二行目《にぎょうめ》は、どのようになっていますか。○をつけましょう。

(○) 「白《しろ》い白《しろ》い」や「青《あお》い青《あお》い」のような同《おな》じ言葉《ことば》のくり返《かえ》しになっている。
( ) 反対《はんたい》の言葉《ことば》が書《か》かれている。

(4) 第五連《だいごれん》では、どんなことが書《か》かれていますか。○をつけましょう。

( ) からたちの花《はな》が散《ち》るときの、さみしい気《き》もち。
(○) からたちのある場所《ばしょ》でのできごと。

(5) 同《おな》じ文《ぶん》になっているのは、第何連《だいなんれん》と第何連《だいなんれん》ですか。

第《だい》 一 連《れん》 と 第《だい》 六 連《れん》

44頁

たずねびと (1)

名前

● 次《つぎ》のあらすじと文章《ぶんしょう》を二回《にかい》読《よ》んで、答《こた》えましょう。

駅《えき》の構内《こうない》で「さがしています」という言葉《ことば》が印象的《いんしょうてき》なポスターが綾《あや》の目《め》に飛《と》びこんできた。それは、広島市《ひろしまし》から来《き》た『原爆供養塔納骨名簿《げんばくくようとうのうこつめいぼ》』のポスターだった。綾《あや》はその中《なか》に「楠木《くすのき》アヤ（十一《じゅういっ》さい）」という、自分《じぶん》と同《おな》じ名前《なまえ》、同《おな》じ年《ねん》れいの文字《もじ》を見《み》つけた。どうして何十年《なんじゅうねん》もの間《あいだ》、だれもアヤちゃんを探《さが》しに来《こ》ないのか気《き》になった綾《あや》は、お母《かあ》さんとお兄《にい》ちゃんとの三人《さんにん》で、広島《ひろしま》まで楠木《くすのき》アヤちゃんをさがしに行《い》く約束《やくそく》をした。

1

約束《やくそく》の日《ひ》、おじいちゃんの具合《ぐあい》が悪《わる》くなったので、お母《かあ》さんは行《い》けなくなった。結局《けっきょく》、お兄《にい》ちゃんと二人《ふたり》だけで広島《ひろしま》に向《む》かった。

2

登場人物《とうじょうじんぶつ》 綾《あや》・お兄《にい》ちゃん

広島《ひろしま》まで在来線《ざいらいせん》で行《い》くと、数時間《すうじかん》かかる。広島駅《ひろしまえき》からは路面電車《ろめんでんしゃ》で平和記念公園《へいわきねんこうえん》に向《む》かった。にぎやかな通《とお》りを過《す》ぎて橋《はし》の手前《てまえ》で下《お》りると、すぐ目《め》の前《まえ》に原爆《げんばく》ドームがあった。

（令和二年度版　光村図書　国語　五　銀河　朽木《くつき》　祥《しょう》）

1

(1) お母《かあ》さんは、なぜ行《い》けなくなったのですか。

おじいちゃんの具合が悪くなったから

(2) 綾《あや》は、だれと二人《ふたり》だけで広島《ひろしま》に向《む》かいましたか。

お兄ちゃん

2

(1) 広島駅《ひろしまえき》から路面電車《ろめんでんしゃ》で、どこに向《む》かいましたか。

平和記念公園

(2) 路面電車《ろめんでんしゃ》を下《お》りると目《め》の前《まえ》にあったものは、何《なん》ですか。

原爆《げんばく》 ドーム

45頁

たずねびと (2)

名前

● 次《つぎ》の文章《ぶんしょう》を二回《にかい》読《よ》んで、答《こた》えましょう。

1

登場人物《とうじょうじんぶつ》 綾《あや》・お兄《にい》ちゃん

秋《あき》の空《そら》は高《たか》く青《あお》くすんで、ゆったり流《なが》れる川《かわ》にも空《そら》の色《いろ》がうつっていた。ほね組《ぐ》みがむきだしのドームがその場《ば》にあるのが㋐不思議《ふしぎ》なくらい、明《あか》るくて晴《は》れ晴《ば》れとした景色《けしき》だった。

——ここが㋑爆心地《ばくしんち》なのか。

ここで本当《ほんとう》にたくさんの人《ひと》が死《し》んだの——。

2

お兄《にい》ちゃんも、独《ひと》り言《ごと》みたいにつぶやいた。

「信《しん》じられないよな。水面《すいめん》が見《み》えないくらい、㋒びっしり人《ひと》がういてたなんて。」

その川《かわ》をわたって、慰霊碑《いれいひ》にお参《まい》りしてから、㋓まず平和記念資料館《へいわきねんしりょうかん》に向《む》かった。

（令和二年度版　光村図書　国語　五　銀河　朽木《くつき》　祥《しょう》）

1

(1) どんなことが、㋐不思議《ふしぎ》なのですか。あてはまるものに○をつけましょう。

（　）ゆったり流《なが》れる川《かわ》に空《そら》の色《いろ》がうつっていること。

（○）ほね組《ぐ》みがむき出《だ》しのドームがその場《ば》にあること。

(2) ㋑爆心地《ばくしんち》の意味《いみ》に合《あ》う文《ぶん》に、○をつけましょう。

（　）地《じ》しんのしんげん地《ち》

（○）原爆《げんばく》（原子爆弾《げんしばくだん》）が爆発《ばくはつ》した中心《ちゅうしん》の場所《ばしょ》

2

(1) ㋒びっしり人《ひと》がういていたのは、どこですか。漢字一字《かんじいちじ》で答《こた》えましょう。

川

(2) ㋓まず、どこに向《む》かいましたか。

平和記念資料館

46頁

たずねびと (3)

名前

● 次《つぎ》の文章《ぶんしょう》を二回《にかい》読《よ》んで、答《こた》えましょう。

1

資料館《しりょうかん》を半分《はんぶん》も見《み》て回《まわ》らないうちに、わたしは㋐頭《あたま》がくらくらしてきた。何《なに》もかも信《しん》じられないことばかりだった。

2

だけど、㋑陳列《ちんれつ》ケースにならべられた、ご飯《はん》が炭化《たんか》した弁当箱《べんとうばこ》、くにゃりととけてしまったガラスびん、八時十五分《はちじじゅうごふん》で止《と》まったうで時計《どけい》が、そして焼《や》けただれた三輪車《さんりんしゃ》や石段《いしだん》に残《のこ》る人《ひと》の形《かたち》のかげが、「本当《ほんとう》なんです。あなたは知《し》らなかったの。」と問《と》いかけてくるような気《き》がした。

原爆《げんばく》の閃光《せんこう》や熱風《ねっぷう》、四千度《よんせんど》もの熱《ねつ》のせいで、この持《も》ち主《ぬし》たちは、ほとんどみんな死《し》んでしまったのだ。

——たった一発《いっぱつ》の爆弾《ばくだん》で、こんなひどいことになるなんて。

（令和二年度版　光村図書　国語　五　銀河　朽木《くつき》　祥《しょう》）

1

㋐頭《あたま》がくらくらしてきたのはなぜですか。

何もかも信じられないことばかりだったから。

2

綾《あや》が見《み》た、㋑陳列《ちんれつ》ケースにならべられたものを五《いつ》つ書《か》きましょう。

ご飯《はん》が炭化《たんか》した 弁当箱

くにゃりととけてしまった ガラスびん

八時十五分《はちじじゅうごふん》で止《と》まった うで時計

焼《や》けただれた 三輪車

石段《いしだん》に残《のこ》る 人の形のかげ

47頁

たずねびと (4)

名前

● 次《つぎ》の文章《ぶんしょう》を二回《にかい》読《よ》んで、答《こた》えましょう。

展示《てんじ》の説明板《せつめいばん》には㋐「この年《とし》の終《お》わりまでには約十四万人《やくじゅうよんまんにん》の人《ひと》がなくなりました」とあった。

八月六日《はちがつむいか》の朝《あさ》、㋑被爆《ひばく》してすぐになくなった人《ひと》だけではない。

なんとか生《い》きのびた人《ひと》も、被爆《ひばく》まもない市《し》に入《はい》って残留放射線《ざんりゅうほうしゃせん》を浴《あ》びた人《ひと》も、核物質《かくぶっしつ》をふくんだ黒《くろ》い雨《あめ》に打《う》たれた人《ひと》も、次々《つぎつぎ》になくなってしまったのだと。

（令和二年度版　光村図書　国語　五　銀河　朽木《くつき》　祥《しょう》）

(1) 何月何日《なんがつなんにち》から㋐この年《とし》の終《お》わりまでに、約十四万人《やくじゅうよんまんにん》の人《ひと》がなくなったのですか。

八月六日 から この年《とし》の終《お》わりまで。

(2) ㋑被爆《ひばく》してすぐになくなった人《ひと》だけではなく、どんな人《ひと》がなくなりましたか。二《ふた》つ書《か》きましょう。

※習《なら》っていない漢字《かんじ》はひらがなで書《か》きましょう。

① 被爆《ひばく》まもない市《し》に入《はい》って 残留放しゃ（射）線 を浴《あ》びた人《ひと》。

② かく（核）物質 をふくんだ 黒い雨 に打《う》たれた人《ひと》。

解答例

本書の解答は，あくまでもひとつの例です。児童に取り組ませる前に，必ず指導される方が問題を解いてください。指導される方の作られた解答をもとに，児童の多様な考えに寄り添って○つけをお願いします。

48頁

たずねびと (5)

名前

● 次《つぎ》の文章《ぶんしょう》を二回《にかい》読《よ》んで、答《こた》えましょう。

広島《ひろしま》で原子爆弾《げんしばくだん》が爆発《ばくはつ》してからこの年《とし》の終《お》わりまでには、約十四万人《やくじゅうよんまんにん》の人《ひと》がなくなりました。

登場人物《とうじょうじんぶつ》　綾《あや》・お兄《にい》ちゃん

1

「十四万人《じゅうよんまんにん》なんて、想像《そうぞう》できないよ。」

あ「――綾《あや》の小学校《しょうがっこう》って、今《いま》、全校《ぜんこう》で何人《なんにん》だっけ。」

い「一学年《いちがくねん》が百人《ひゃくにん》ちょっとだから、七百人《ななひゃくにん》もいないかなあ。」

う「じゃ、ア その何倍《なんばい》くらいか考《かんが》えてみたら。どんなに大勢《おおぜい》か、分《わ》かるだろ。」

2

わたしは、朝礼《ちょうれい》のときの校庭《こうてい》を思《おも》いうかべた。ずらっとならんだ頭《あたま》、頭《あたま》、頭《あたま》。

――十四万人《じゅうよんまんにん》って、校庭《こうてい》の頭《あたま》の数《かず》の二百倍《にひゃくばい》だ。小学校二百校分《しょうがっこうにひゃくこうぶん》ってこと。イ そんなにたくさんの人《ひと》が、たった一発《いっぱつ》の爆弾《ばくだん》のせいで、この世《よ》からいなくなってしまったなんて。

（令和二年度版　光村図書　国語　五　銀河　朽木《くつき》　祥《しょう》）

1

(1) あいうの言葉《ことば》はそれぞれ、だれが言《い》った言葉《ことば》ですか。

あ　お兄ちゃん

い　綾（あや）

う　お兄ちゃん

(2) ア そのは、何《なに》をさしていますか。○をつけましょう。

（○）七百人《ななひゃくにん》

（　）百人《ひゃくにん》

2

(1) 綾《あや》は朝礼《ちょうれい》の時《とき》の校庭《こうてい》の、どんな様子《ようす》を思《おも》いうかべましたか。

ずらっとならんだ　頭、頭、頭。

(2) イ そんなにたくさんの人《ひと》が、一発《いっぱつ》の爆弾《ばくだん》のせいで、どこからいなくなってしまいましたか。

この世

49頁

たずねびと (6)

名前

● 次《つぎ》の文章《ぶんしょう》を二回《にかい》読《よ》んで、答《こた》えましょう。

登場人物《とうじょうじんぶつ》　綾《あや》・お兄《にい》ちゃん

1

ア うちのめされるような気持《きも》ちのまま、資料館《しりょうかん》を出《で》た。お兄《にい》ちゃんはパンフレットをにらんでいたが、「個人《こじん》をイ 検索《けんさく》できる祈念館《きねんかん》があるみたいだ。」と声《こえ》をはげまして言《い》った。

※声《こえ》をはげます…自分《じぶん》の気持《きも》ちをふるいたたせて、大《おお》きな声《こえ》を出《だ》すこと。

2

「ウ 身元《みもと》が分《わ》かっている人《ひと》を整理《せいり》してあるんだろうけど、いちおう、行《い》ってみようか。」

スロープを下《お》りて入《はい》っていく追悼平和祈念館《ついとうへいわきねんかん》は、ひっそりと静《しず》かだった。

※追悼《ついとう》…死《し》んだ人《ひと》のおもかげをしのび、その死《し》をなげき悲《かな》しむこと。

（令和二年度版　光村図書　国語　五　銀河　朽木《くつき》　祥《しょう》）

1

(1) ア うちのめされるような気持《きも》ちとは、どのような気持《きも》ちですか。○をつけましょう。

（　）楽《たの》しくて元気《げんき》な気持《きも》ち。

（○）立《た》ち上《あ》がれないほどがっかりした気持《きも》ち。

(2) イ 検索《けんさく》の意味《いみ》に○をつけましょう。

（○）辞典《じてん》、資料《しりょう》、インターネットなどで調《しら》べて探《さが》すこと。

（　）祈念館《きねんかん》の中《なか》で、目印《めじるし》をさがしてまわること。

2

(1) ウ 身元《みもと》が分《わ》かっている人《ひと》とは、どんな人《ひと》のことですか。一《ひと》つに○をつけましょう。

（○）住所《じゅうしょ》や家族《かぞく》のことが分《わ》かっている人《ひと》。

（　）名前《なまえ》しか分《わ》からない人《ひと》。

(2) 追悼平和祈念館《ついとうへいわきねんかん》は、どんな様子《ようす》でしたか。

ひっそり　と　静か　だった。

50頁

たずねびと (7)

名前

● 次《つぎ》の文章《ぶんしょう》を二回《にかい》読《よ》んで、答《こた》えましょう。

登場人物《とうじょうじんぶつ》　わたし（綾《あや》）・お兄《にい》ちゃん

1

原爆《げんばく》でなくなった人《ひと》たちのア 情報検索《じょうほうけんさく》ができる部屋《へや》に行《い》くと、大《おお》きなかべにモニターがいくつもあって、イ 刻々《こっこく》と変《か》わっていく画面《がめん》にはたくさんの人々《ひとびと》が現《あらわ》れ、うつし出《だ》された。わたしくらいの子《こ》。たくさんの子《こ》どもたちも。わたしより小《ちい》さな子《こ》。おさない子《こ》どもたち。赤《あか》ちゃんまで。

2

生真面目《きまじめ》な顔《かお》、すました顔《かお》。こちらに向《む》けられたはずかしそうな目《め》。たいていの子《こ》どもたちが、かしこまって写《うつ》っている。なかに一《いち》まい、口元《くちもと》だけ今《いま》にも笑《わら》いだしそうな子《こ》がいた。どんなおもしろいことをがまんしていたのだろう。わたしはつかのま、ウ その子《こ》と見《み》つめ合《あ》ったが、画面《がめん》はすぐに切《き》りかわってしまった。とぎれなく現《あらわ》れ続《つづ》ける顔《かお》をずうっと見《み》つめていたら、気《き》が遠《とお》くなりそうだった。でも、どうしても目《め》がはなせなかった。

（令和二年度版　光村図書　国語　五　銀河　朽木《くつき》　祥《しょう》）

1

(1) どんな人《ひと》のア 情報検索《じょうほうけんさく》ができる部屋《へや》ですか。

※習《なら》っていない漢字《かんじ》はひらがなで書《か》きましょう。

原ばく（爆）でなくなった人《ひと》たち

(2) イ 刻々《こっこく》と変《か》わっていく画面《がめん》とは、どんなことを表《あらわ》していますか。○をつけましょう。

（○）時間《じかん》が少《すこ》したつごとに、画面《がめん》に現《あらわ》れるものが変《か》わること。

（　）モニターが次々《つぎつぎ》と別《べつ》の新《あたら》しいものに取《と》りかえること。

2

(1) ウ その子《こ》とは、どんな子《こ》ですか。

口元《くちもと》だけ今《いま》にも　笑いだしそう　な子《こ》

(2) わたし（綾《あや》）は、ウ その子《こ》と見《み》つめ合《あ》ったとき、どんなことを考《かんが》えましたか。

どんな　おもしろい　ことを　がまん　していたのだろうと、考《かんが》えた。

51頁

たずねびと (8)

名前

● 次《つぎ》の文章《ぶんしょう》を二回《にかい》読《よ》んで、答《こた》えましょう。

原爆《げんばく》で亡《な》くなった人《ひと》たちの情報《じょうほう》検索ができる部屋《へや》では、モニターにたくさんのなくなった人々《ひとびと》がうつし出《だ》されていた。

登場人物《とうじょうじんぶつ》　綾《あや》・お兄《にい》ちゃん

情報検索用《じょうほうけんさくよう》のパソコンをいじっていたお兄《にい》ちゃんが席《せき》を立《た》って、わたしの横《よこ》にやって来《き》た。お兄《にい》ちゃんもモニターを見《み》つめた。

「この画像《がぞう》や、ここの情報《じょうほう》って、ア 遺族《いぞく》から提供《ていきょう》されたんだね。」

イ この人《ひと》たちには、この人《ひと》たちのことを覚《おぼ》えているだれかがいたのだ。

（令和二年度版　光村図書　国語　五　銀河　朽木《くつき》　祥《しょう》）

(1) わたしの横《よこ》にやって来《き》たお兄《にい》ちゃんは、何《なに》を見《み》つめましたか。

モニター

(2) ア 遺族《いぞく》から提供《ていきょう》されたと、同《おな》じ意味《いみ》を表《あらわ》す文《ぶん》に○をつけましょう。

（　）祈念館《きねんかん》の人《ひと》が市内《しない》で、見《み》つけてきた。

（○）なくなった人《ひと》の残《のこ》された家族《かぞく》や親類《しんるい》から、貸《か》し出《だ》されたりあたえられたりした。

(3) イ この人《ひと》たちとはどんな人《ひと》たちのことですか。○をつけましょう。

（○）モニターにうつっている、なくなった人たち。

（　）モニターにうつっている、生《い》き残《のこ》った人たち。

52頁

だいじょうぶ　だいじょうぶ　(1)

名前

● 次《つぎ》のあらすじと文章《ぶんしょう》を二回《にかい》読《よ》んで、答《こた》えましょう。

ぼくが今《いま》より赤《あか》ちゃんに近《ちか》く、おじいちゃんが今《いま》より元気《げんき》だったころ、ぼくとおじいちゃんは毎日《まいにち》のように散歩《さんぽ》を楽《たの》しんでいました。すると、ぼくの周《まわ》りは新《あたら》しい発見《はっけん》や楽《たの》しい出会《であ》いが増《ふ》えました。その分《ぶん》、こまったことやこわいことにも出会《であ》いましたが、そのたびにおじいちゃんはぼくの手《て》をにぎり、おまじないのようにつぶやきました。「だいじょうぶ、だいじょうぶ。」

1

「だいじょうぶ、だいじょうぶ。」
㋐それは、
無理《むり》してみんなと
仲良《なかよ》くしなくても
いいんだってことでした。

2

「㋑だいじょうぶ、だいじょうぶ。」
それは、
わざとぶつかってくるような
車《くるま》も飛行機《ひこうき》も、
めったにないってことでした。

（令和二年度版　東京書籍　新しい国語　五　いとう　ひろし）

1 (1) ㋐それが指《さ》す言葉《ことば》を書《か》きましょう。

だいじょうぶ、だいじょうぶ。

(2) 1の文章《ぶんしょう》では、どんなことがだいじょうぶだと書《か》いてありますか。

無理してみんなと仲良くしなくてもいいんだってこと。

2 (1) ㋑だいじょうぶ、だいじょうぶとありますが、どんなことがだいじょうぶなのですか。

わざとぶつかってくるような車も飛行機もめったにないってこと。

53頁

だいじょうぶ　だいじょうぶ　(2)

名前

● 次《つぎ》の文章《ぶんしょう》を二回《にかい》読《よ》んで、答《こた》えましょう。

「㋐だいじょうぶ、だいじょうぶ。」
それは、
たいていの病気《びょうき》やけがは、
いつか治《なお》るもんだって
ことでした。
それは、
言葉《ことば》が分《わ》からなくても、
心《こころ》が通《つう》じることもあるって
ことでした。
それは、この世《よ》の中《なか》、
そんなに悪《わる》いことばかりじゃ
ないってことでした。

（令和二年度版　東京書籍　新しい国語　五　いとう　ひろし）

(1) どんなことが㋐だいじょうぶと書《か》かれていますか。三《みっ》つに○をつけましょう。

(○) たいていの病気《びょうき》やけがはいつか治《なお》るということ。

(　) どんな人《ひと》とも仲良《なかよ》くしなくてはいけないということ。

(○) 言葉《ことば》が分《わ》からなくても、心《こころ》が通《つう》じることもあるということ。

(　) わざとぶつかってくる車《くるま》に気《き》をつけないといけないということ。

(○) この世《よ》の中《なか》、そんなに悪《わる》いことばかりじゃないということ。

54頁

だいじょうぶ　だいじょうぶ　(3)

名前

● 次《つぎ》の文章《ぶんしょう》を二回《にかい》読《よ》んで、答《こた》えましょう。

1

「だいじょうぶ、だいじょうぶ。」
ぼくとおじいちゃんは、
何度《なんど》㋐その言葉《ことば》を
くり返《かえ》したことでしょう。

2

けんちゃんともくみちゃんとも、
㋑いつのまにか仲良《なかよ》くなりました。
犬《いぬ》に食《た》べられたりも
しませんでした。

（令和二年度版　東京書籍　新しい国語　五　いとう　ひろし）

1 ㋐その言葉《ことば》について答《こた》えましょう。

① ㋐その言葉《ことば》とは、何《なん》ですか。

だいじょうぶ、だいじょうぶ。

② 何度《なんど》㋐その言葉《ことば》をくり返《かえ》したことでしょう。と同《おな》じ意味《いみ》を表《あらわ》す文《ぶん》に○をつけましょう。

(○) おじいちゃんといっしょに何度《なんど》も何度《なんど》も、数《かぞ》えられないぐらいたくさんくり返《かえ》した。

(　) おじいちゃんといっしょに三回《さんかい》くりかえした。

2 ㋑いつのまにかと同《おな》じことを表《あらわ》す文《ぶん》に○をつけましょう。

(　) けんちゃんとくみちゃんにはじめて会《あ》った日《ひ》。

(○) 知《し》らないうちに、気《き》づいたら。

55頁

だいじょうぶ　だいじょうぶ　(4)

名前

● 次《つぎ》の文章《ぶんしょう》を二回《にかい》読《よ》んで、答《こた》えましょう。

何度《なんど》も転《ころ》んでけがもしたし、
何度《なんど》も病気《びょうき》になりました。
でもそのたびに、
㋐すっかりよくなりました。
車《くるま》にひかれることもなかったし、
頭《あたま》に飛行機《ひこうき》が落《お》ちてくることも
㋑ありませんでした。
むずかしい本《ほん》も、
いつか読《よ》めるようになると
思《おも》います。
もっともっと、たくさんの人《ひと》や
動物《どうぶつ》や草《くさ》や木《き》に出会《であ》えると
思《おも》います。

（令和二年度版　東京書籍　新しい国語　五　いとう　ひろし）

(1) どんなことが、㋐すっかりよくなりましたか。二《ふた》つ書《か》きましょう。

何度《なんど》も転《ころ》んでけがをしたこと。

何度《なんど》も病気になったこと。

(2) どんなことが、㋑ありませんでしたか。文中《ぶんちゅう》から二《ふた》つ書《か》きましょう。

車にひかれること。

頭に飛行機が落ちてくること。

(3) これから、どんなことができたり、何《なに》に出会《であ》えると思《おも》うと書《か》かれていますか。二《ふた》つに○をつけましょう。

(○) むずかしい本《ほん》も、読《よ》めるようになる。

(　) 車《くるま》にひかれたり、飛行機《ひこうき》が落《お》ちてくる場面《ばめん》に出会《であ》える。

(○) たくさんの人《ひと》や動物《どうぶつ》や草《くさ》や木《き》に出会《であ》える。

解答例

本書の解答は，あくまでもひとつの例です。児童に取り組ませる前に，必ず指導される方が問題を解いてください。指導される方の作られた解答をもとに，児童の多様な考えに寄り添って○つけをお願いします。

56頁

だいじょうぶ　だいじょうぶ　(5)

名前

● 次《つぎ》の文章《ぶんしょう》を二回読《にかいよ》んで、答《こた》えましょう。

1

ぼくは、ずいぶん
大《おお》きくなりました。
おじいちゃんは、ずいぶん
年《とし》を取《と》りました。

2

だから㋐今度《こんど》はぼくの番《ばん》です。
おじいちゃんの手《て》をにぎり、
何度《なんど》でも何度《なんど》でも
くり返《かえ》します。
「だいじょうぶ、だいじょうぶ。」
だいじょうぶだよ、
おじいちゃん。

（令和二年度版　東京書籍　新しい国語　五　いとう　ひろし）

1

(1) ぼくは、ずいぶんどうなったと書《か》いてありますか。

ぼくは、ずいぶん **大きく** なりました。

(2) おじいちゃんは　ずいぶんどうなったと書《か》いてありますか。

おじいちゃんは、ずいぶん **年** を **取り** ました。

2

(1) ㋐今度《こんど》はぼくの番《ばん》ですについて、答《こた》えましょう。

① ぼくが、だれの手《て》をにぎるのですか。

おじいちゃん

② ぼくは何度《なんど》でもくり返《かえ》し、おじいちゃんに、何《なん》と言《い》ってあげるのですか。

だいじょうぶ、だいじょうぶ。

57頁

紙風船《かみふうせん》

名前

● 次《つぎ》の詩《し》を二回読《にかいよ》んで、答《こた》えましょう。

紙風船《かみふうせん》

黒田《くろだ》　三郎《さぶろう》

落《お》ちて来《き》たら
今度《こんど》は
もっと高《たか》く
もっともっと高《たか》く
何度《なんど》でも
打《う》ち上《あ》げよう

美《うつく》しい
願《ねが》いごとのように

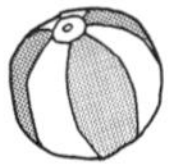

（令和二年度版　東京書籍　新しい国語　五　黒田　三郎）

(1) この詩《し》は、何連《なんれん》でできていますか。

二 連《れん》

(2) 落《お》ちて来《き》たら　何《なに》を、何度《なんど》でも打《う》ち上《あ》げるのですか。

紙風船

(3) どのように、何度《なんど》でも、打《う》ち上《あ》げるのですか。

もっと **高く**
もっともっと **高く**

(4) 紙風船《かみふうせん》を、何《なに》にたとえていますか。文中《ぶんちゅう》から書《か》き出《だ》しましょう。

美しい **願いごと** の
ように。

58頁

水《みず》のこころ

名前

● 次《つぎ》の詩《し》を二回読《にかいよ》んで、答《こた》えましょう。

水《みず》のこころ

高田《たかだ》　敏子《としこ》

1

水《みず》は　つかめません
水《みず》は　すくうのです
指《ゆび》をぴったりつけて
そおっと　大切《たいせつ》に——

2

水《みず》は　つかめません
水《みず》は　つつむのです
二《ふた》つの手《て》の中《なか》に
そおっと　大切《たいせつ》に——

3

水《みず》のこころ　も
人《ひと》のこころ　も

（令和二年度版　東京書籍　新しい国語　五　高田　敏子）

(1) この詩《し》は、何連《なんれん》でできていますか。

三 連《れん》

(2) 一連目《いちれんめ》と二連目《にれんめ》の最初《さいしょ》と最後《さいご》の一行《いちぎょう》は同《おな》じ言葉《ことば》が書《か》いてあります。何《なん》と書《か》いてありますか。

① 最初《さいしょ》

水は **つかめません**

② 最後《さいご》

そおっと **大切に**——

(3) 一連目《いちれんめ》と二連目《にれんめ》で、水《みず》はどうすると書《か》いてありますか。

① 一連目《いちれんめ》

水《みず》は **すくう** のです

② 二連目《にれんめ》

水《みず》は **つつむ** のです

59頁

注文《ちゅうもん》の多《おお》い料理店《りょうりてん》　(1)

名前

● 次《つぎ》のあらすじと文章《ぶんしょう》を二回読《にかいよ》んで、答《こた》えましょう。

二人《ふたり》のわかいしんしが山《やま》おくへかりにやってきた。しかし、一《いっ》ぴきもえものに会《あ》えず、道《みち》に迷《まよ》った上《うえ》に風《かぜ》も強《つよ》くなり、おなかもすいてきたのでこまっていると、「西洋料理店《せいようりょうりてん》　山猫軒《やまねこけん》」という一《いっ》けんのりっぱなうちを見《み》つけたので、二人《ふたり》は何《なに》か食事《しょくじ》をしようと入《はい》っていった。そのうちのろう下《か》にはたくさんの戸《と》があり、戸《と》を開《あ》けるたびに、いろいろなことが書《か》いてあった。

1

それから大急《おおいそ》ぎで
㋐戸《と》を開《あ》けますと、
そのうら側《がわ》には、
【クリームをよくぬりましたか、
耳《みみ》にもよく㋑ぬりましたか。】
と書《か》いてあって、小《ちい》さな
クリームのつぼがここにも置《お》いて
ありました。

2

登場人物《とうじょうじんぶつ》　二人《ふたり》のしんし

「そうそう、ぼくは耳《みみ》には
ぬらなかった。あぶなく㋒耳《みみ》に
ひびを切《き》らすとこだった。ここの
主人《しゅじん》は実《じつ》に用意周《よういしゅう》とうだね。」
「ああ、細《こま》かいところまでよく
気《き》がつくよ。ところで、ぼくは
早《はや》く何《なに》か食《た》べたいんだが、
どうも、こう、どこまでも
ろう下《か》じゃしかたないね。」
すると、すぐその前《まえ》に
次《つぎ》の戸《と》がありました。

※用意周《よういしゅう》とう…用意《ようい》が十分《じゅうぶん》であること

（令和二年度版　東京書籍　新しい国語　五　宮沢《みやざわ》　賢治《けんじ》）

1

(1) ㋐そのは、何《なに》を指《さ》していますか。
○をつけましょう。

(　) クリームのつぼ。
(◯) 大急《おおいそ》ぎで開《あ》けた戸《と》。

(2) クリームを、どこにもよく㋑ぬりましたか。と書《か》いてありましたか。

耳

2

(1) ㋒耳《みみ》にひびを切《き》らすとは、どんな様子《ようす》のことですか。
○をつけましょう。

(　) 耳《みみ》にたっぷりクリームをぬること。
(◯) 寒《さむ》さなどのために耳《みみ》のひふがかわいて、細《こま》かいわれ目《め》ができること。

60頁

注文《ちゅうもん》の多《おお》い料理店《りょうりてん》 (2) 名前

● 次《つぎ》の文章《ぶんしょう》を二回《にかい》読《よ》んで、答《こた》えましょう。

登場人物《とうじょうじんぶつ》 二人《ふたり》のしんし

1

【料理《りょうり》はもうすぐできます。
㋐十五分《じゅうごふん》とお待《ま》たせは
いたしません。すぐ
食《た》べられます。早《はや》く
あなたの頭《あたま》にびんの中《なか》の
こう水《すい》をよくふりかけて
ください。】
そして㋑戸《と》の前《まえ》には、
金《きん》ぴかのこう水《すい》のびんが
置《お》いてありました。

2

二人《ふたり》はそのこう水《すい》を、頭《あたま》へ
パチャパチャふりかけました。
ところが、そのこう水《すい》は、
どうもすのような
においがするのでした。
「このこう水《すい》は変《へん》に
すくさい。どうしたんだろう。」
「㋐まちがえたんだ。下女《げじょ》が
かぜでもひいてまちがえて
入《い》れたんだ。」

1 (1) ㋐十五分《じゅうごふん》とお待《ま》たせはいたしませんと、同《おな》じことを表《あらわ》す文《ぶん》に○をつけましょう。

( ) 待《ま》つ時間《じかん》は、十五分《じゅうごふん》より長《なが》い。
(○) 待《ま》つ時間《じかん》は、十五分《じゅうごふん》より短《みじか》い。

(2) ㋑戸《と》の前《まえ》には、何《なに》が置《お》いてありましたか。

金ぴか の こう水 の びん。

2 (1) 二人《ふたり》はこう水《すい》を、どこにふりかけましたか。

頭

(2) ㋐まちがえたとありますが、どのようにまちがえてびんに入《い》れたのですか。○をつけましょう。

( ) すではなく、こう水《すい》を入《い》れた。
(○) こう水《すい》ではなく、すを入《い》れた。

61頁

注文《ちゅうもん》の多《おお》い料理店《りょうりてん》 (3) 名前

● 次《つぎ》の文章《ぶんしょう》を二回《にかい》読《よ》んで、答《こた》えましょう。

登場人物《とうじょうじんぶつ》 二人《ふたり》のしんし

1

二人《ふたり》は戸《と》を開《あ》けて中《なか》に
入《はい》りました。
戸《と》のうら側《がわ》には、㋐大《おお》きな字《じ》で
こう書《か》いてありました。
【いろいろ注文《ちゅうもん》が多《おお》くて
㋑うるさかったでしょう。
お気《き》の毒《どく》でした。
もうこれだけです。
どうか、体中《からだじゅう》に、
つぼの中《なか》の塩《しお》をたくさん
よくもみこんでください。】

2

なるほどりっぱな青《あお》い瀬戸《せと》の
塩《しお》つぼは㋒置《お》いてありましたが、
今度《こんど》という今度《こんど》は、二人《ふたり》とも
ぎょっとして、おたがいに
クリームをたくさんぬった
顔《かお》を㋓見合《みあ》わせました。

※塩《しお》をもみこむ…塩《しお》をもんで食材《しょくざい》の中《なか》に入《い》れ込《こ》む。料理《りょうり》の下《した》ごしらえの方法《ほうほう》の一《ひと》つ。
※塩《しお》つぼ…塩《しお》を入《い》れるつぼ

1 (1) ㋐大《おお》きな字《じ》はどこに書《か》いてありましたか。

戸 のうら側《がわ》。

(2) ㋑大《おお》きな字《じ》で何《なに》が多《おお》くて、うるさかったでしょう。と書《か》いてありましたか。

注文

2 (1) りっぱな何《なに》が、㋒置《お》いてありましたか。

りっぱな 青 い 瀬戸《せと》の 塩 つぼ

(2) 二人《ふたり》は、どんな気持《きも》ちで顔《かお》を㋓見合《みあ》わせましたか。気持《きも》ちがわかる言葉《ことば》を文中《ぶんちゅう》から見《み》つけて書《か》きましょう。

二人《ふたり》とも ぎょっと して

62頁

注文《ちゅうもん》の多《おお》い料理店《りょうりてん》 (4) 名前

● 次《つぎ》の文章《ぶんしょう》を二回《にかい》読《よ》んで、答《こた》えましょう。

登場人物《とうじょうじんぶつ》 二人《ふたり》のしんし

「どうもおかしいぜ。」
「ぼくもおかしいと思《おも》う。」
「たくさんの注文《ちゅうもん》というのは、
㋐向《む》こうがこっちへ
注文《ちゅうもん》してるんだよ。」
「だからさ、西洋料理店《せいようりょうりてん》と
いうのは、㋑ぼくの考《かんが》える
ところでは、西洋料理《せいようりょうり》を、
来《き》た人《ひと》に食《た》べさせるのでは
なくて、来《き》た人《ひと》を西洋料理《せいようりょうり》に
して、食《た》べてやるうちと、
こういうことなんだ。これは、
その、つ、つ、つ、つまり、
ぼ、ぼ、ぼくらが、㋒……。」
がたがたがたがたふるえだして、
もうものが言《い》えませんでした。
「その、ぼ、ぼくらが、
……うわあ。」
がたがたがたがたふるえだして、
もうものが言《い》えませんでした。
「にげ……。」
がたがたしながら、
一人《ひとり》のしんしは後《うし》ろの戸《と》を
おそうとしましたが、どうです、
戸《と》はもう一分《いちぶ》も動《うご》きませんでした。

(令和二年度版 東京書籍 新しい国語 五 宮沢 賢治)

(1) ㋐向《む》こうがこっちへ注文《ちゅうもん》してのの意味《いみ》を表《あらわ》す文《ぶん》に○をつけましょう。
〜〜の言葉《ことば》に注意《ちゅうい》しましょう。

( ) 二人《ふたり》のしんしが、西洋料理店《せいようりょうりてん》へ注文《ちゅうもん》する。
(○) 西洋料理店《せいようりょうりてん》が、二人《ふたり》のしんしへ注文《ちゅうもん》する。

(2) ㋑ぼくの考《かんが》えるところと同《おな》じになるように、○と×を一《ひと》つずつつけましょう。

(×) 西洋料理店《せいようりょうりてん》というのは、西洋料理《せいようりょうり》を、来《き》た人《ひと》に食《た》べさせてくれるうち。
(○) 西洋料理店《せいようりょうりてん》というのは、来《き》た人《ひと》を、西洋料理《せいようりょうり》にして食《た》べてしまううち。

(3) ㋒……。には、どんな言葉《ことば》が入《はい》りますか。○をつけましょう。

( ) 西洋料理《せいようりょうり》をつくるのだ。
(○) 西洋料理《せいようりょうり》にされて、食《た》べられてしまうのだ。

63頁

注文《ちゅうもん》の多《おお》い料理店《りょうりてん》 (5) 名前

● 次《つぎ》の文章《ぶんしょう》を二回《にかい》読《よ》んで、答《こた》えましょう。

登場人物《とうじょうじんぶつ》 二人《ふたり》のしんし

1

おくの方《ほう》にはまだ一枚戸《いちまいど》が
あって、大《おお》きなかぎあなが
二《ふた》つ付《つ》き、銀色《ぎんいろ》のホークと
ナイフの形《かたち》が切《き》り出《だ》してあって、
【いや、わざわざ
ご苦労《くろう》です。たいへん
けっこうにできました。
さあさあ、㋐おなかに
お入《はい》りください。】
と書《か》いて
ありました。

※ホーク…フォークのこと

2

おまけに、かぎあなからは、
きょろきょろ二《ふた》つの青《あお》い目玉《めだま》が
こっちをのぞいています。
「うわあ。」がたがたがたがた。
「うわあ。」がたがたがたがた。
二人《ふたり》は泣《な》きだしました。

(令和二年度版 東京書籍 新しい国語 五 宮沢 賢治)

1 (1) おくの方《ほう》の一枚《いちまい》の戸《と》は、どんな戸《と》ですか。二《ふた》つに○をつけましょう。

(○) 戸《と》には、銀色《ぎんいろ》のホークとナイフの形《かたち》が切《き》り出《だ》してある。
( ) 戸《と》には、文字《もじ》もかざりも、何《なに》も付《つ》いていない。
(○) 戸《と》には、大《おお》きなかぎあなが二《ふた》つ付《つ》いている。

(2) ㋐おなかにお入《はい》りくださいの意味《いみ》を表《あらわ》す文《ぶん》に、○をつけましょう。

( ) 戸《と》の中《なか》に入《はい》ってきてください。
(○) わたしのおなかの中《なか》に入《はい》ってください。

2 (1) 次《つぎ》の様子《ようす》はだれの様子《ようす》ですか。上下《じょうげ》を線《せん》で結《むす》びましょう。

① 二《ふた》つの青《あお》い目玉《めだま》でこちらをのぞいています。
② 「うわあ。」がたがたがたがた。

二人《ふたり》のしんし。 / 料理店《りょうりてん》の人《ひと》。

（解答：①—料理店の人。 ②—二人のしんし。）

解答例

本書の解答は，あくまでもひとつの例です。児童に取り組ませる前に，必ず指導される方が問題を解いてください。指導される方の作られた解答をもとに，児童の多様な考えに寄り添って○つけをお願いします。

64頁

注文《ちゅうもん》の多《おお》い料理店《りょうりてん》 (6)

名前

● 次《つぎ》の文章《ぶんしょう》を二回《にかい》読《よ》んで、答《こた》えましょう。

登場人物《とうじょうじんぶつ》 料理店《りょうりてん》の人《ひと》

　すると、戸《と》の中《なか》では、
㋐こそこそこんなことを
言《い》っています。
あ「だめだよ。もう
気《き》がついたよ。
塩《しお》をもみこまないようだよ。」
い「あたりまえさ。親分《おやぶん》の
書《か》きようがまずいんだ。
あすこへ、いろいろ
注文《ちゅうもん》が多《おお》くて
うるさかったでしょう、
お気《き》の毒《どく》でしたなんて、
㋑まぬけたことを
書《か》いたもんだ。」
う「どっちでもいいよ。どうせ
ぼくらには、㋒ほねも分《わ》けて
くれやしないんだ。」
え「それはそうだ。けれども、
もしここへあいつらが
入《はい》ってこなかったら、
それはぼくらの責任《せきにん》だぜ。」

※塩《しお》をもみこむ…塩《しお》をもんで食材《しょくざい》の中《なか》に入《い》れ込《こ》む。料理《りょうり》の下《した》ごしらえの方法《ほうほう》の一《ひと》つ。

(令和二年度版　東京書籍　新しい国語　五　宮沢《みやざわ》　賢治《けんじ》)

(1) ㋐こそこそどこで言《い》っていますか。

戸 の中《なか》

(2) あいうえの言葉《ことば》は、だれが言《い》った言葉《ことば》ですか。○をつけましょう。

(○)料理店《りょうりてん》の人《ひと》
(　)二人《ふたり》のしんし

(3) ㋑まぬけたとは、どんなことですか。

(　)しっかり考《かんが》えた、正《ただ》しいこと。
(○)うっかりした、ばかげたこと。

(4) ㋒ほねも分《わ》けてくれやしないとは、どういう意味《いみ》ですか、○をつけましょう。

(　)肉《にく》もほねも両方《りょうほう》ともくれる。
(○)肉《にく》もほねも　何《なに》もくれない。

65頁

注文《ちゅうもん》の多《おお》い料理店《りょうりてん》 (7)

名前

● 次《つぎ》の文章《ぶんしょう》を二回《にかい》読《よ》んで、答《こた》えましょう。

登場人物《とうじょうじんぶつ》 料理店《りょうりてん》の人《ひと》

「ようぼうか、ようぼう。
おい、お客《きゃく》さんがた、
早《はや》くいらっしゃい。
いらっしゃい。いらっしゃい。
お皿《さら》もあらってありますし、
菜《な》っ葉《ぱ》ももうよく塩《しお》で
もんでおきました。あとは、
あなたがたと、菜《な》っ葉《ぱ》を
うまく取《と》り合《あ》わせて、
真《ま》っ白《しろ》なお皿《さら》に
のせるだけです。
早《はや》くいらっしゃい。」
「へい、いらっしゃい、
いらっしゃい。それとも
サラドは㋐おきらいですか。
そんならこれから
火《ひ》をおこしてフライに
してあげましょうか。
とにかく早《はや》く
いらっしゃい。」

※サラド…サラダのこと

(令和二年度版　東京書籍　新しい国語　五　宮沢《みやざわ》　賢治《けんじ》)

(1) 上《うえ》の文《ぶん》は、だれが言《い》った文《ぶん》ですか。○をつけましょう。

(○)料理店《りょうりてん》の人《ひと》
(　)二人《ふたり》のしんし

(2) 何《なに》を作《つく》ろうとしていますか。

サラド(サラダ)

(3) サラド(サラダ)が㋐おきらいなら、何《なに》にしてあげましょうか、と言《い》っていますか。

フライ

(4) だれが、だれを、フライにしてあげるのですか。あとの□から言《こと》葉《ば》を選《えら》んで□に書《か》きましょう。

料理店の人 が 二人のしんし を フライにしてあげる。

二人《ふたり》のしんし　・　料理店《りょうりてん》の人《ひと》

66頁

注文《ちゅうもん》の多《おお》い料理店《りょうりてん》 (8)

名前

● 次《つぎ》の文章《ぶんしょう》を二回《にかい》読《よ》んで、答《こた》えましょう。

登場人物《とうじょうじんぶつ》 二人《ふたり》のしんし・料理店《りょうりてん》の人《ひと》

1

　二人《ふたり》はあんまり心《こころ》を
いためたために、顔《かお》がまるで
くしゃくしゃの㋐紙《かみ》くずのように
なり、おたがいにその顔《かお》を
見合《みあ》わせ、
ぶるぶるふるえ、
㋑声《こえ》もなく泣《な》きました。
　中《なか》では、フッフッと笑《わら》って、
またさけんでいます。

2

「いらっしゃい、いらっしゃい。
そんなに泣《な》いては、
せっかくのクリームが
流《なが》れるじゃありませんか。
へい、ただいま。
じき持《も》ってまいります。
さあ、早《はや》くいらっしゃい。
「早《はや》くいらっしゃい。」㋒親方《おやかた》が
もうナフキンをかけて、
ナイフを持《も》って、したなめずり
して、お客様《きゃくさま》がたを待《ま》って
いられます。」
二人《ふたり》は、泣《な》いて泣《な》いて泣《な》いて
泣《な》いて泣《な》きました。

(令和二年度版　東京書籍　新しい国語　五　宮沢《みやざわ》　賢治《けんじ》)

1

(1) 二人《ふたり》の顔《かお》が㋐紙《かみ》くずのようになったのは、なぜですか。

あんまり 心 を いためた ため。

(2) ㋑声《こえ》もなく泣《な》きましたとは、どのように泣《な》いたのですか。○をつけましょう。

(　)とてもこわいので、みんなに聞《き》こえるように大声《おおごえ》で泣《な》いている。
(○)声《こえ》も出《だ》せないぐらいこわいので、しずかに泣《な》いている。

2

(1) ㋒親方《おやかた》は、どんな様子《ようす》で待《ま》っていられますか。

ナフキン をかけて、ナイフ を持《も》って、したなめずり して、お客様《きゃくさま》がたを待《ま》っていられます。

67頁

注文《ちゅうもん》の多《おお》い料理店《りょうりてん》 (9)

名前

● 次《つぎ》の文章《ぶんしょう》を二回《にかい》読《よ》んで、答《こた》えましょう。

登場人物《とうじょうじんぶつ》 白《しろ》くまのような犬《いぬ》　「ニャアオ」という声《こえ》を出《だ》す生《い》き物《もの》

　そのとき、後《うし》ろからいきなり、
「ワン、ワン、グヮア。」
という声《こえ》がして、
あの白《しろ》くまのような犬《いぬ》が
二《に》ひき、戸《と》をつき破《やぶ》って部屋《へや》の
中《なか》に㋐飛《と》びこんできました。
かぎあなの目玉《めだま》はたちまち
なくなり、犬《いぬ》どもはウーと
うなって㋑しばらく部屋《へや》の中《なか》を
くるくる回《まわ》っていましたが、
また一声《ひとこえ》、
「ワン。」
と高《たか》くほえて、
いきなり㋒次《つぎ》の戸《と》に
飛《と》びつきました。戸《と》はガタリと
開《ひら》き、犬《いぬ》どもはすいこまれる
ように飛《と》んでいきました。
　その戸《と》の向《む》こうの
真《ま》っ暗《くら》やみの中《なか》で、
「ニャアオ、クヮア、ゴロゴロ。」
という㋓声《こえ》がして、それから
ガサガサ鳴《な》りました。

(令和二年度版　東京書籍　新しい国語　五　宮沢《みやざわ》　賢治《けんじ》)

(1) 部屋《へや》の中《なか》に㋐飛《と》びこんできたのは、何《なん》ですか。

白くま のような 犬 が 二 ひき。

(2) 犬《いぬ》どもは㋑しばらく、何《なに》をしていましたか。

部屋 の 中 を くるくる 回《まわ》っていました。

(3) ㋒次《つぎ》の戸《と》に飛《と》びついたのはだれですか。

(○)白《しろ》くまのような犬《いぬ》。
(　)「ニャアオ」という声《こえ》を出《だ》す生《い》き物《もの》。

(4) 真《ま》っ暗《くら》やみの中《なか》で、どんな㋓声《こえ》がしましたか。□に書《か》きましょう。

「ニャアオ、クヮア、ゴロゴロ。」

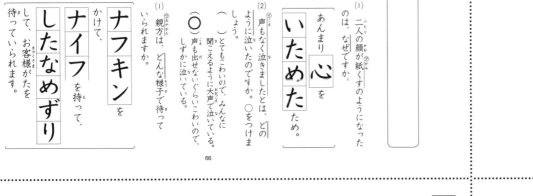

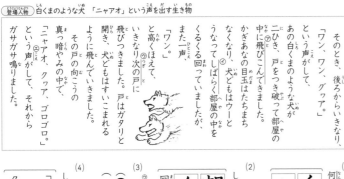

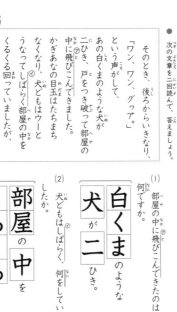

68頁

注文《ちゅうもん》の多《おお》い料理《りょうり》店《てん》 (10)

名前

● 次《つぎ》の文章《ぶんしょう》を二回《にかい》読《よ》んで、答《こた》えましょう。

1 登場人物《とうじょうじんぶつ》 二人《ふたり》のしんし

部屋《へや》はけむりのように消《き》え、
二人《ふたり》は寒《さむ》さにぶるぶるふるえて、
草《くさ》の中《なか》に㋐立《た》っていました。
見《み》ると、㋑上着《うわぎ》や
くつやさいふや
ネクタイピンは、
あっちの枝《えだ》に
ぶら下《さ》がったり、こっちの根元《ねもと》に
散《ち》らばったりしています。
風《かぜ》がどうとふいてきて、
草《くさ》はザワザワ、木《こ》の葉《は》はカサカサ、
木《き》はゴトンゴトンと鳴《な》りました。

2 登場人物《とうじょうじんぶつ》 二人《ふたり》のしんし・専門《せんもん》のりょう師《し》・犬《いぬ》

犬《いぬ》がフーとうなって
もどってきました。
そして後《うし》ろからは、
㋐「だんなあ、だんなあ。」
とさけぶ者《もの》があります。
二人《ふたり》はにわかに㋒元気《げんき》がついて、
㋑「おうい、おうい、ここだぞ、
早《はや》く来《こ》い。」
とさけびました。

※「だんなあ」とさけぶ者《もの》…専門《せんもん》のりょう師《し》
※にわか…急《きゅう》に

（令和二年度版　東京書籍　新しい国語　五　宮沢《みやざわ》　賢治《けんじ》）

1
(1) 二人《ふたり》はどこに㋐立《た》っていましたか。

[草 の 中]

(2) ㋑上着《うわぎ》やくつやさいふやネクタイピンは、どうなっていましたか。

[あっちの 枝 に
ぶら下がっ たり
こっちの 根元 に
散らばっ たり
しています。]

2
(1) ㋐と㋑の言葉《ことば》はそれぞれ、だれが言《い》いましたか。――線《せん》で結《むす》びましょう。

㋐の言葉《ことば》　　二人《ふたり》のしんし
㋑の言葉《ことば》　　専門《せんもん》のりょう師《し》

（㋐の言葉―専門のりょう師、㋑の言葉―二人のしんし）

(2) 二人《ふたり》は、なぜ㋒元気《げんき》がついたのですか。○をつけましょう。

（　）風《かぜ》がどうとふいてきたから。
（○）「だんなあ。」とさけぶ、専門《せんもん》のりょう師《し》の声《こえ》が聞《き》こえたから。

69頁

注文《ちゅうもん》の多《おお》い料理《りょうり》店《てん》 (11)

名前

● 次《つぎ》の文章《ぶんしょう》を二回《にかい》読《よ》んで、答《こた》えましょう。

1

みのぼうしをかぶった
専門《せんもん》のりょう師《し》が、
草《くさ》をザワザワ分《わ》けて
やってきました。
㋐そこで二人《ふたり》は
やっと安心《あんしん》しました。
そしてりょう㋑師《し》の持《も》ってきた
だんごを食《た》べ、とちゅうで
十円《じゅうえん》だけ山鳥《やまどり》を買《か》って
東京《とうきょう》に帰《かえ》りました。

2

しかし、さっきいっぺん
紙《かみ》くずのようになった㋒二人《ふたり》の
顔《かお》だけは、東京《とうきょう》に帰《かえ》っても、
お湯《ゆ》に入《はい》っても、もう元《もと》の
とおりになおりませんでした。

※みのぼうし…かや・すげ・わらなどの植物《しょくぶつ》を編《あ》んで作《つく》った、雪《ゆき》よけのフード付《つ》きコートのような物《もの》
※専門《せんもん》のりょう師《し》…鳥《とり》やけものを取《と》ることを仕事《しごと》にしている人《ひと》。また、その山《やま》にくわしいりょう師《し》のこと。

（令和二年度版　東京書籍　新しい国語　五　宮沢《みやざわ》　賢治《けんじ》）

1
(1) 専門《せんもん》のりょう師《し》がやってきて、㋐そこで二人《ふたり》は、どんな気持《きも》ちになりましたか。

[やっと 安心 しました。]

(2) ㋑とちゅうで、何《なに》を買《か》って東京《とうきょう》に帰《かえ》りましたか。

[十円《じゅうえん》だけ 山鳥 を
買《か》って東京《とうきょう》に帰《かえ》りました。]

2
(1) さっきいっぺん㋒二人《ふたり》の顔《かお》は、どのようになったのですか。

[紙くず のように
なった。]

(2) ㋒東京《とうきょう》に帰《かえ》っても、お湯《ゆ》に入《はい》っても、二人《ふたり》の顔《かお》はどうなりましたか。

[元《もと》のとおりに
なおりません
でした。]

70頁

水平線《すいへいせん》

名前

● 次《つぎ》の詩《し》を二回《にかい》読《よ》んで、答《こた》えましょう。

水平線《すいへいせん》
小泉《こいずみ》　周二《しゅうじ》

水平線《すいへいせん》がある
一直線《いっちょくせん》にある
ゆれているはずなのに
一直線《いっちょくせん》にある

水平線《すいへいせん》がある
はっきりとある
空《そら》とはちがうぞと
はっきりとある

水平線《すいへいせん》がある
どこまでもある
ほんとうの強《つよ》さみたいに
どこまでもある

（令和二年度版　教育出版　ひろがる言葉　小学国語　五上　小泉　周二）

(1) この詩《し》は、いくつの連《れん》でできていますか。

[三 連《れん》]

(2) この詩《し》のそれぞれの連《れん》のはじめに書《か》かれている言葉《ことば》を書《か》きましょう。

[水平線がある]

(3) この詩《し》の中《なか》の水平線《すいへいせん》と同《おな》じことを表《あらわ》す文《ぶん》に○をつけましょう。

（○）海《うみ》の上《うえ》で、空《そら》と海《うみ》のさかいとして見《み》える線《せん》。
（　）紙《かみ》に書《か》かれた、真《ま》っすぐなたて線《せん》。

(4) それぞれの連《れん》で水平線《すいへいせん》の様子《ようす》を、どのような言葉《ことば》でしめくくっていますか。

① 第一連《だいいちれん》
[一直線 にある。]

② 第二連《だいにれん》
[はっきり とある。]

③ 第三連《だいさんれん》
[どこまでも ある。]

71頁 （72～81頁は略）

うぐいす

名前

● 次《つぎ》の詩《し》を二回《にかい》読《よ》んで、答《こた》えましょう。

うぐいす
武鹿《ぶしか》　悦子《えつこ》

うぐいすの　こえ
すきとおる
はるのつめたさ
におわせて

うぐいすの　こえ
すきとおる
うちゅうが　一《いっ》しゅん
しん、とする

（令和二年度版　教育出版　ひろがる言葉　小学国語　五上　武鹿　悦子）

(1) この詩《し》は、いくつの連《れん》でできていますか。

[二 連《れん》]

(2) それぞれの連《れん》は、同《おな》じ二行《にぎょう》の文《ぶん》で始《はじ》まっています。その文《ぶん》を書《か》きましょう。

[うぐいすの こえ
すきとおる]

(3) 季節《きせつ》は、いつごろだと思《おも》いますか。一《ひと》つに○をつけましょう。

（　）冬《ふゆ》のはじめ
（○）春《はる》のはじめ
（　）夏《なつ》のはじめ

解答例

本書の解答は，あくまでもひとつの例です。児童に取り組ませる前に，必ず指導される方が問題を解いてください。指導される方の作られた解答をもとに，児童の多様な考えに寄り添って○つけをお願いします。

82頁

和語《わご》・漢語《かんご》・外来語《がいらいご》 (3) 名前

● 次《つぎ》の言葉《ことば》は、「和語《わご》」・「漢語《かんご》」・「外来語《がいらいご》」のどれにあたりますか。下《した》から選《えら》び――線《せん》で結《むす》びましょう。

① 山登《やまのぼ》り ―― 和語《わご》
ハイキング ―― 外来語《がいらいご》
山頂《さんちょう》 ―― 漢語《かんご》

② 海底《かいてい》 ―― 漢語《かんご》
スイミング ―― 外来語《がいらいご》
海《うみ》 ―― 和語《わご》

83頁

和語《わご》・漢語《かんご》・外来語《がいらいご》 (4) 名前

● 次《つぎ》の――線《せん》の言葉《ことば》は、「和語《わご》」・「漢語《かんご》」・「外来語《がいらいご》」のどれにあたりますか。ア「和語《わご》」イ「漢語《かんご》」ウ「外来語《がいらいご》」の記号《きごう》を（ ）に書《か》きましょう。

①
・昼食《ちゅうしょく》を食《た》べる（イ）
・ランチを食《た》べる（ウ）
・昼《ひる》ごはんを食《た》べる（ア）

②
・スピードを出《だ》す（ウ）
・速度《そくど》を上《あ》げる（イ）
・速《はや》さを競《きそ》う（ア）

③
・決《き》まりを守《まも》る（ア）
・規則《きそく》を守《まも》る（イ）
・ルールを守《まも》る（ウ）

④
・ホテルにとまる（ウ）
・宿屋《やどや》にとまる（ア）
・旅館《りょかん》にとまる（イ）

84頁

和語《わご》・漢語《かんご》・外来語《がいらいご》 (5) 名前

● 次《つぎ》の言葉《ことば》を、同《おな》じ意味《いみ》の外来語《がいらいご》におきかえます。下《した》の□から選《えら》んで□に書《か》きましょう。

① くだもの　フルーツ
② 長《なが》いす　ベンチ
③ さじ　スプーン
④ 試験《しけん》　テスト
⑤ 昼食《ちゅうしょく》　ランチ
⑥ 要点《ようてん》　ポイント
⑦ おくり物《もの》　プレゼント
⑧ ちょうせん　チャレンジ

スプーン　プレゼント　ベンチ　テスト　フルーツ　ランチ　チャレンジ　ポイント

85頁 （86～101頁は略）

和語《わご》・漢語《かんご》・外来語《がいらいご》 (6) 名前

(1) 次《つぎ》の外来語《がいらいご》を、同《おな》じ意味《いみ》の和語《わご》や漢語《かんご》におきかえます。下《した》の□から選《えら》んで□に書《か》きましょう。

① オーダー　注文
② カメラ　写真機
③ ラッシュ　混雑
④ スタート　開始
⑤ ルール　決まり
⑥ ボール　球
⑦ チェック　確かめ
⑧ テーブル　つくえ

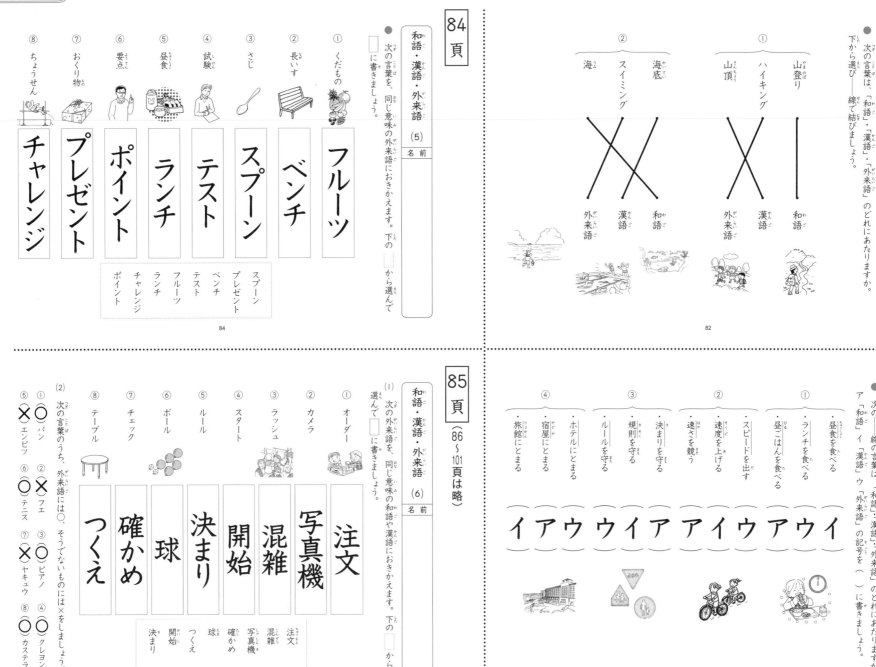

注文《ちゅうもん》　混雑《こんざつ》　写真機《しゃしんき》　確《たし》かめ　球《たま》　つくえ　開始《かいし》　決《き》まり

(2) 次《つぎ》の言葉《ことば》のうち、外来語《がいらいご》には○、そうでないものには×をしましょう。

① (○) パン
② (×) フエ
③ (○) ピアノ
④ (○) クレヨン
⑤ (×) エンピツ
⑥ (○) テニス
⑦ (×) ヤキュウ
⑧ (○) カステラ

102 頁

同訓異字《どうくんいじ》・同音異義語《どうおんいぎご》 (3)
──同《おな》じ読《よ》み方《かた》の漢字《かんじ》

名前

● 次《つぎ》の文《ぶん》で使《つか》い方《かた》のまちがっている漢字《かんじ》の横《よこ》に──線《せん》を引《ひ》きましょう。□から正《ただ》しい漢字《かんじ》を選《えら》んで□に書《か》きましょう。

① 防寒《ぼうかん》のために、服《ふく》を重《かさ》ねて切《き》る。　着

② 防風《ふう》に備《そな》えて、屋根《やね》を直《なお》す。　暴

③ 歯《は》みがきは、毎日《まいにち》の週慣《かん》になっている。　習

④ 木《き》にひっかかって服《ふく》が敗れる。　破

⑤ 毎日《まいにち》、父《ちち》に身長《しんちょう》を計ってもらう。　測

着　暴　習　破　測

103 頁

同訓異字《どうくんいじ》・同音異義語《どうおんいぎご》 (4)
──同《おな》じ読《よ》み方《かた》の漢字《かんじ》

名前

● 文《ぶん》の意味《いみ》を考《かんが》えて、上《うえ》の言葉《ことば》にあてはまる言葉《ことば》を下《した》から選《えら》んで──線《せん》で結《むす》びましょう。

①
㋐ 昔《むかし》の友《とも》に ── 再会《さいかい》する。
㋑ 試合《しあい》を ── 再開《さいかい》する。

②
㋐ 試合《しあい》に ── 敗《やぶ》れる。
㋑ ズボンが ── 破《やぶ》れる。

③
㋐ 家《いえ》に ── 帰《かえ》る。
㋑ 計画《けいかく》を ── 変《か》える。
㋒ あいさつに ── 代《か》える。

④
㋐ 作品《さくひん》の出来《でき》ばえを ── 競争《きょうそう》する。
㋑ 五十《ごじゅう》メートル走《そう》で ── 競走《きょうそう》する。

104 頁

文《ぶん》の組《く》み立《た》て (1)

名前

(1) 次《つぎ》の文《ぶん》の主語《しゅご》に──線《せん》を引《ひ》きましょう。

① イルカが海《うみ》の中《なか》を泳《およ》ぐ。

② 母《はは》が出《で》かけた。だからぼくは留守番《るすばん》をした。

(2) 次《つぎ》の文《ぶん》の═線《せん》を引《ひ》いた言葉《ことば》は述語《じゅつご》です。═線《せん》の述語《じゅつご》に合《あ》う主語《しゅご》に──線《せん》を引《ひ》きましょう。

①
㋐ わたしは小《ちい》さい時《とき》、毛布《もうふ》を使《つか》っていた。これはその毛布《もうふ》だ。
㋑ これはわたしが小《ちい》さい頃《ころ》に使《つか》っていた毛布《もうふ》だ。

②
㋐ 雨《あめ》がふった。だから遠足は中止《ちゅうし》だ。
㋑ 雨《あめ》がふったので遠足は中止《ちゅうし》だ。

③
㋐ 父《ちち》が本《ほん》を買《か》ってくれた。ぼくはその本《ほん》を読《よ》む。
㋑ ぼくは父《ちち》が買《か》ってくれた本《ほん》を読《よ》む。

105 頁

文《ぶん》の組《く》み立《た》て (2)

名前

(1) 次《つぎ》の文《ぶん》の述語《じゅつご》に═線《せん》を引《ひ》きましょう。

① 黄色《きいろ》い大《おお》きな花《はな》がさいた。

② 妹《いもうと》が紙《かみ》ねん土《ど》で人形《にんぎょう》を作《つく》った。その人形《にんぎょう》はかわいかった。

(2) 次《つぎ》の文《ぶん》の──線《せん》を引《ひ》いた言葉《ことば》は主語《しゅご》です。──線《せん》の主語《しゅご》に合《あ》う述語《じゅつご》に═線《せん》を引《ひ》きましょう。

①
㋐ 雨《あめ》がふった。だから川《かわ》の水《みず》が増《ふ》えた。
㋑ 雨《あめ》がふったから、川《かわ》の水《みず》が増《ふ》えた。

②
㋐ ぼくが花《はな》を植《う》えた。その花《はな》がさいた。
㋑ ぼくが植《う》えた花《はな》がさいた。

③
㋐ 弟《おとうと》が泣《な》いた。それで犬《いぬ》がほえた。
㋑ 弟《おとうと》が泣《な》いたので、犬《いぬ》がほえた。

解答例

本書の解答は，あくまでもひとつの例です。児童に取り組ませる前に，必ず指導される方が問題を解いてください。指導される方の作られた解答をもとに，児童の多様な考えに寄り添って○つけをお願いします。

106頁

文《ぶん》の組《く》み立《た》て (3)

名前

● 次《つぎ》の二《ふた》つの文《ぶん》を〈例《れい》〉のように一《ひと》つの文《ぶん》にしましょう。

① 〈例《れい》〉わたしが花《はな》を植《う》えた。その花《はな》がさいた。

わたしが植えた花がさいた。

㋐ ぼくが車《くるま》を作《つく》った。その車《くるま》が走《はし》った。

ぼくが作った車が走った。

㋑ わたしはちょうをつかまえた。そのちょうが飛《と》んだ。

わたしがつかまえたちょうが飛んだ。

② 〈例《れい》〉わたしが花《はな》を植《う》えた。これはその花《はな》だ。

これはわたしが植えた花だ。

㋐ ぼくが車《くるま》を作《つく》った。これはその車《くるま》だ。

これはぼくが作った車だ。

㋑ ぼくが図書館《としょかん》で本《ほん》を借《か》りた。これはその本《ほん》です。

これはぼくが図書館で借りた本です。

107頁

文《ぶん》の組《く》み立《た》て (4)

名前

● 〈例《れい》〉のように、主語《しゅご》には――線《せん》、述語《じゅつご》には＝＝線《せん》、修飾語《しゅうしょくご》には～～線《せん》を引《ひ》きましょう。また修飾語《しゅうしょくご》がどの言葉《ことば》を修飾《しゅうしょく》しているか、矢印《やじるし》を書《か》きましょう。

① 〈例《れい》〉わたしが植《う》えた花《はな》がさいた。

㋐ ぼくが作った車が走った。

㋑ わたしがつかまえたちょうが飛んだ。

② 〈例《れい》〉あれは、友《とも》だちが住《す》んでいる家《いえ》です。

㋐ これは、ぼくが図書館で借りた本です。

㋑ それは、わたしが落としたえん筆だ。

喜楽研の支援教育シリーズ
もっと　ゆっくり　ていねいに学べる
個別指導に最適
読解ワーク　基礎編　5-①
光村図書・東京書籍・教育出版の
教科書教材などより抜粋

2023 年 3 月 1 日

イ ラ ス ト：山口　亜耶・浅野　順子　他
表紙イラスト：山口　亜耶
表紙デザイン：エガオデザイン
企 画 ・ 編 著：原田　善造・あおい　えむ・今井　はじめ・さくら　りこ
中　あみ・中　えみ・中田　こういち・なむら　じゅん
はせ　みう・ほしの　ひかり・堀越　じゅん・みやま　りょう（他４名）
編 集 担 当：堀江　優子

発　行　者：岸本　なおこ
発　行　所：喜楽研（わかる喜び学ぶ楽しさを創造する教育研究所：略称）
〒604-0827　京都府京都市中京区高倉通二条下ル瓦町 543-1
TEL 075-213-7701　FAX 075-213-7706　HP https://www.kirakuken.co.jp
印　　　刷：株式会社米谷

ISBN : 978-4-86277-417-0

Printed in Japan